NEW
CLASSIC
LIBRARY

悲しい歴史の国の韓国人

宮脇淳子
Junko Miyawaki

徳間書店

まえがき

私はモンゴル史を専門にしていて、朝鮮史、韓国史の専門家ではありません。その私がどうして朝鮮史についての本を出版するようになったのかというと、李氏朝鮮の前の高麗《こうらい》はじつはモンゴルの支配下にあったからです。フビライに降《くだ》ったあとの歴代の高麗王の母親はずっとモンゴル人でした。ところが、そういう基本的な歴史も日本では教えられていないのです。

モンゴル人は現在の中国の領域に元朝《げんちょう》を建てて、朝鮮半島の高麗を支配していたのです。元朝というのはモンゴル人がシナに入って建てた王朝で、決して中華王朝ではありません。しかし、いまはモンゴルが弱体化しているために中国が歴史を書きかえて、元朝は中華のひとつの王朝だとしています。

中国は自分の利益のためにはウソでもなんでも主張する人たちなので、モンゴル人はいま中国の少数民族のひとつである蒙古《もうこ》族だから、チンギス・ハーンも中国人だとしたり、チベットも昔から中国だと主張していますが、歴史的根拠はまったくありません。

モンゴル帝国はチンギス・ハーンが建てた国ですが、孫のフビライが元という国号をつくり、シナを支配したあと、チンギス・ハーンに「元《げん》の太祖《たいそ》」という廟号《びょうごう》を贈りました。それで、チンギス・ハーンが「元の太祖」になったわけです。だから、モンゴル帝国は中華帝国の一部だなどと、中国人は歴史を勝手に解釈して平気ですが、モンゴル帝国は東は日本海から西はロシア草原まで広がった大帝国で、元朝以外の地域は、チンギス・ハーンの別の息子たちがウルスと呼ばれるそれぞれの国を建国しました。末っ子の一族がシナを支配して建てたのが大元ウルスで、これが元朝です。

元朝は歴代の中華王朝が興亡した地域を支配したために、漢字を使う人がたくさん家来になりました。モンゴル人は支配階層なので漢字を覚えることはありませんでしたが、家来たちが漢字で記録を残した。このため元朝の史料は漢文で書かれたものが多くなっていますが、モンゴル文字やパクパ文字で書かれた記録もたくさんあります。このパクパ文字がハングルの原型です。

パクパ文字は、チベット文字を縦書きにし、母音を独立させて子音の下に書いたものです。モンゴル軍がチベットを攻めたとき、モンゴルと交渉するためのチベット側代表として甘粛《かんしゅく》の涼州《りょうしゅう》に赴いたサキャ・パンディタが、甥のパクパをつれてモンゴルにやって来ました。元朝の創始者フビライ・ハーンはパクパを気に入って、彼に国師《こくし》の称号を授け、「蒙古新字《もうこしんじ》」を製作させました。これがパクパ文字です。チンギス・ハーンの時代に借用したウイグル文字に比べて、パクパ文字は文字数が多く、すべての子音・母音を書き分けることができたので、フビライは詔勅《しょうちょく》を発布して、あらゆる文書はこのパクパ文字で書き、これにそれぞれの地方の国字を添えることを命じたのです。

高麗王朝はこのように、モンゴル支配時代には世界とつながっていました。韓国や朝鮮を英語でコリアKoreaと呼ぶのは、モンゴル支配時代の国号である高麗（コリョ）から来ています。元朝には、イタリア人のマルコ・ポーロだけでなく、ヨーロッパからもたくさん商人がやってきたので、東の情報が西に伝わったのです。

ちなみに、日本を英語でジャパンJapanと言うのは、「日本」という漢字を当時のシナ人が「ジッペン」と発音したことに由来しています。マルコ・ポーロが日本のことを、屋根だけでなく道も金でできている「黄金の国ジパング」と書いたのは、当時の漢字の標準音で「日本国」を「ジッペン・グ」と発音したからです。日本は、自分たちで名乗った国号が、そのまま世界中から呼ばれる他称でもある、めずらしい幸せな国なのです。

さて、このようなわけで、私は朝鮮半島の歴史研究にもかかわるようになったのですが、いろいろ調べているうちに、とくに戦後の日本には、まっとうな朝鮮通史がないことがわかってきました。私は朝鮮史の専門家ではないので、誤解している部分もあるかもしれませんが、とりあえず、私が理解した朝鮮半島の歴史の流れを、できるだけわかりやすく読者の皆様にお伝えすることは、日本で東洋史を専門に選んだ私の義務でもあると思い、このような本を出すことにしたしだいです。

悲しい歴史の国の韓国人――目次

第3章　李氏朝鮮は停滞の五〇〇年だった

第4章　日本がいなければ大韓帝国はなかった

第5章 日露戦争の原因をつくったのも朝鮮だった

第6章 満洲事変の背景にも朝鮮人の存在があった

第7章　日本統治がなければいまの韓国の発展はなかった

第8章 南北に分断された朝鮮半島の悲劇

第9章 なぜ韓国人は日本を目の敵にするのか

第10章　補遺　松本厚治『韓国「反日主義」の起源』に見る韓国人のアイデンティティ

装幀――井上新八

第1章

歴史の主役になったことのない朝鮮半島

朝鮮半島だけで歴史が成立したことは一度もない

朝鮮半島だけで歴史が成り立った時代は一度もなく、常にその領域も支配層も入れ替わってきたというのが朝鮮半島の歴史の真実です。

李氏朝鮮の時代になってから、シナに朝貢してシナの属国として支配されたというわけではなく、その前の高麗はモンゴルの支配下にあったのです。いまの北朝鮮の国土のほとんどは当時モンゴルの直接統治下にあって、国の領域は半分になっていたのです。しかもモンゴルの直接統治下に入った高麗人は、独立国として残った高麗人よりも、自分たちのほうが元朝の宮廷に近いと言って威張っていました。そのときからすでに二種類の高麗人がいたのです。

高麗の前は、高句麗《こうくり》、百済《ひゃくさい》、新羅《しんら》が鼎立《ていりつ》した三国時代です。高句麗は北方騎馬民族でしたから、三国のなかではいちばん軍事力が強くて、北は現在のハルビンの周辺から南は百済まで侵入しています。朝鮮半島というのは大陸とは陸つながりで、天然の要害もない平らな土地なので、常に近隣の大国の侵略と支配を受ける歴史が続いたのです。決して朝鮮史が五〇〇〇年以上あったわけではありません。

日本列島は渡来人が来ても出ていかない行き止まりの土地です。縄文時代から弥生時代にかけては、大陸から多くの人が渡来して来たことは確かですが、日本の国内で融和して日本国を

朝鮮半島と満洲国の地形

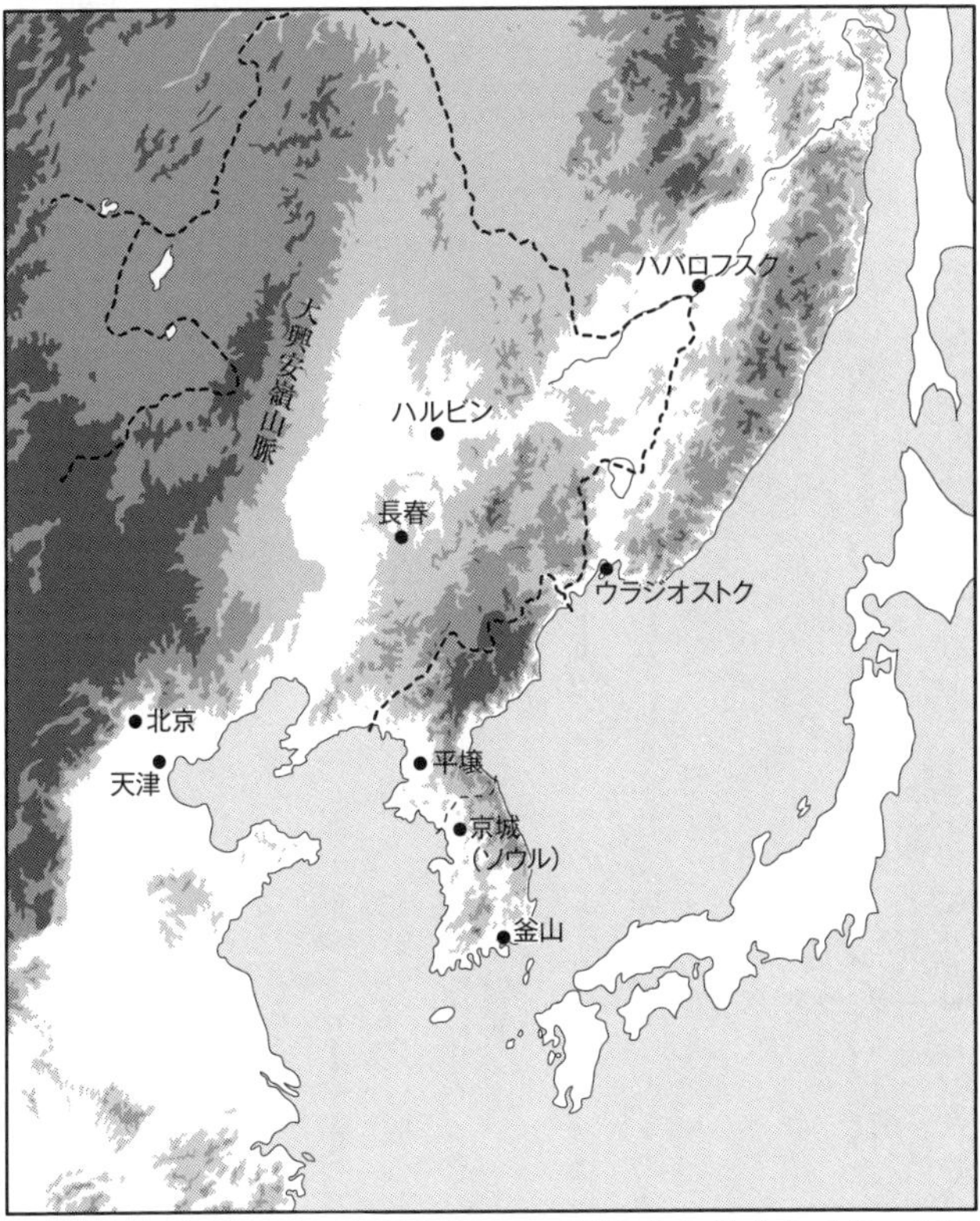

朝鮮半島の内陸ルートを通ると、ハルビンから釜山までは一気に攻め込める。

つくっていった。渡来人の記録も残っていて、先祖が誰であったのかがわかるほどですから、大陸のように異民族に侵略されたということがなく、日本人としてまとまることができたのです。韓国、中国はそういう日本の歴史がうらやましくてしかたがないので、対抗するために半万年の歴史と言いだすのです。

中国五〇〇〇年の歴史というのは、辛亥《しんがい》革命のときに日本に対抗して生まれた標語です。日本は昭和一五年に神武天皇以来二六〇〇年の紀元節を祝っていますが、日本が二六〇〇年ならば中国は倍だというので五〇〇〇年になったのです。北朝鮮は金日成のときに、中国が五〇〇〇年ならうちは五〇一一年だと言いだした。檀君《だんくん》の骨が発見されて、その骨が五〇一一年前のものだと発表して檀君廟をつくりました。

近代日本が登場するまでは、大陸や半島では、そのような歴史意識はなかったのです。王朝が変われば、前王朝の遺産をすべて壊して新しくしていくので、歴史の連続性はそこで途切れてしまっていました。

韓国人が日本を目の敵にするのは、韓国人をつくったのは日本人だったから

なぜ韓国人は日本を目の敵《かたき》にするのか。それは日本人が韓国人をつくったからです。

日本人が朝鮮半島に行かなかったら、朝鮮史はおそらく成立しなかったでしょう。なぜなら日本のおかげで大韓帝国ができたわけで、日本がいなければ朝鮮は大陸に吸収されてシナ史の一部になったはずだからです。

朝鮮半島に日本人が行くことで、日本人ではない人たちが、朝鮮人、コリアンだということになった。日本が韓国を併合するまでは、朝鮮半島の人々には朝鮮人、コリアンという民族意識もありませんでした。自分たちが何者なのかという自覚も、国家としての統一感もなかったので、李氏朝鮮は国でもないし、民族でもなかったというのが本当のところです。

それは日本と韓国の関係だけでなく、東南アジア、アフリカなど、世界のどこでも全部そうです。宗主国によって支配された地域がひとつの民族になる。例えば、イギリスが支配したからインド人、オランダが支配したからインドネシア人となった。それまでは部族同士の対立があるだけで、国家単位になっていません。近代国家であるネーション・ステート（国民国家）ではなかったからです。

国民国家自体が一八世紀末にアメリカ独立戦争とフランス革命によって誕生したもので、ひとつの国土にひとつの民族がいるという国民国家という考え方自体が新しくて、ここ二〇〇年ちょっとのことにすぎません。しかも国民国家を自らつくることのできた国はきわめて少ないのです。日本は明治維新によって欧米列強に支配されることなく、国民国家、近代国家を建国することができた、世界でも数少ない国のひとつです。アジアで最初に国民国家をつくった国なのです。

国民国家になってはじめて歴史が意味を持ってきます。同じ歴史意識を共有することで国民が形成されるからです。朝鮮半島では、朝鮮民族が自らの力で国をまとめあげて近代国家を形成することができなかった。だから朝鮮史を自らつくることができなかったのです。

東洋史は日本人の歴史研究によってつくられた

明治以降、日本は自国の歴史を『古事記』『日本書紀』にまでさかのぼって再編します。江戸時代には水戸光圀《みとみつくに》がはじめた『大日本史』の編纂が続けられていましたが、『大日本史』全三九七巻がまとまるのは、明治になってからのことでした。明治維新によって、日本人は今日まで続く歴史意識を獲得していったのです。

さらに日本人は、日本史だけでなく、満洲史や朝鮮史、モンゴル史を熱心に研究しました。日本人は自分たちも漢字文化圏の周辺部で文明圏を形成していたので、シナ大陸の文化、文明に対する興味と、自分たちとの比較から、漢字と違う文字や言葉に対する好奇心が非常に強かったからです。明治以降の日本の東洋史学者たちは、満洲語もモンゴル語も読め、ハングルも研究した。中国史や朝鮮史は日本人の東洋学者の手によって生まれたと言っても過言ではないのです。

日本が大陸に進出してシナが日本の勢力圏になったときは、考古学的な発掘もさかんに行なっています。唐の唐三彩《とうさんさい》などの陶磁器にしても、優れたものはすべて日本人が見つけたのです。朝鮮半島同様、シナの人たちは、自分たちのアイデンティティ、自分たちが何人かということにまったく興味がなかったからです。

中国という国名は、一九一一年に辛亥革命が起こり、翌一九一二年に清朝が倒れて中華民国になってからです。日本に対抗して中華民国が成立し、国共内戦に勝利した中華人民共和国が一九四九年に誕生する。どちらも略せば中国となり、ここで初めて中国という国が生まれるのです。

じつは韓国や中国が、ことあるごとに反日を言いだすのは、彼らの建国が日本の影響下で実現されたからなのです。自分たちの歴史を振り返るとき、いやおうなくそこに日本がかかわっていることを自覚せざるをえない。自ら近代国家を形成することができなかった負い目は、いくら経済が発展しようがぬぐうことができません。経済力に自信がつけばつくほど、歴史の古傷がうずくのです。

第2章

高麗はモンゴル支配の国だった

朝鮮半島に日本の歴史を投影する誤りを犯した日本人

高麗や李氏朝鮮とはどういう国あるいは地域だったのか。それに答える前に、そもそもいまコリアン民族だと言っている朝鮮、韓国人とはどういう人たちのことだったのかを説明する必要があります。

朝鮮という名前も、韓という名前も古い時代からある言葉です。シナの文献にも古来から朝鮮や韓があったと書かれている。しかし、それはあくまでもひとつの地域の民族的集団であって、現在のように国境があって、そのなかにいた人々が朝鮮人、韓国人だったというわけではありません。

ところが日本人は、日本列島のなかで国号を日本と名乗って以降、ずっと移動しないで日本人であり続けたので、大陸の歴史を見るときも、いつも日本のあり方を投影して理解しようとします。だから、朝鮮半島には昔から朝鮮人が住んでいたと日本人は考えがちですが、それはあくまでも日本を朝鮮半島に投影した幻想にすぎないのです。

ここを理解せずに誤解したために、明治維新のあと、日本のシナ大陸と朝鮮半島に対する政策を間違えたのです。

南北朝鮮の本来の境界線は三九度線にあった

そもそも元朝によるモンゴルの支配時代には、二七ページの地図にあるように高麗は三八度線ではなくて、ほとんど三九度線以南に位置していました。いまの北朝鮮と韓国の国境線になっている三八度線より、やや北のほうに自然境界があったのです。

一九五三年にアメリカを主体とする国連軍と中国・北朝鮮の間で朝鮮戦争の休戦協定を締結するときに、本当は北緯三九度で線引きしなければいけなかったのです。アメリカはアジアのことをまったく理解していなかったために、三八度線が南北の境界線になってしまったのです。

図にもあるように三九度線以北（いまの北朝鮮の大部分）は、元朝時代には遼陽行省《りょうようこうしょう》というモンゴルの直轄地でした。この朝鮮半島の北側は山がちで、現在でもそうですが農業には向かない土地柄です。旧満洲、沿海州とよく似た風土が続いていて、山のなかに入って狩猟や採集をして生活する人々が住む地域でした。

いまも北朝鮮の農業がうまくいかないのは当然です。気候は寒冷で、雨は降らず、地味は悪い。だから、日韓併合のときにも、日本は北部には大規模なダムをつくって当時世界トップクラスの水力発電所を整備した。この電力を使って工業地帯にしたのです。農業をしても成功しないのはわかっていたからです。

一方、半島の南部では山に植林し、農地改革をして、田畑を整備して農業で成功させるようにはからいました。もともと南は農地としては北よりはましなところだった。日本より地味は悪いけれども、それでも日本と近い生活ができた。

だから、日本の敗戦のときに、金日成《きんにっせい》は工場地帯はすべて北にあって、南には農業しかなくて、近代化されていないから、すぐに南を制圧できると考えたのです。

南北朝鮮は農耕文化と狩猟文化でもともと分かれていた

高句麗《こうくり》、新羅《しんら》、百済《ひゃくさい》が鼎立した三国時代に朝鮮半島が三つに分かれていたのは、道理のあることなのです。

高句麗は、もともといまの中国遼寧省に興り、ハルビン周辺にまで勢力を及ぼした北方の遊牧民がつくった国です。旧満洲から馬に乗って南下していけば、現在の北朝鮮までほとんど障害なく行けます。

一方、南方の新羅や百済は、もともと農耕民がいた。だから、日本の倭人とも非常に親和性のある、交流のある場所だった。しかし、三九度線以北は大陸と際限なくつながる風土だったのです。

元朝支配下の高麗

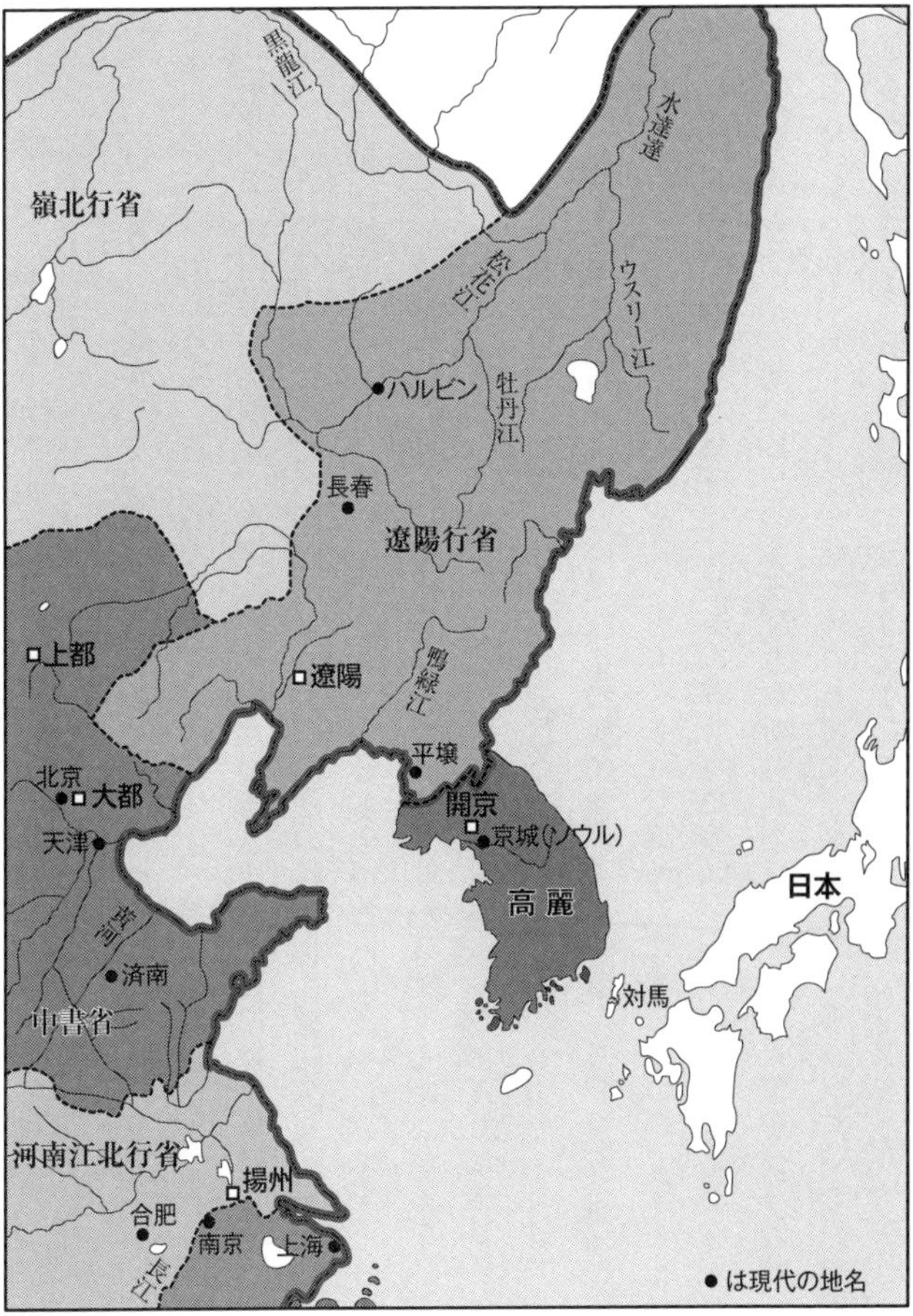
黒龍江
水達達
嶺北行省
松花江
ウスリー江
ハルビン
牡丹江
長春
遼陽行省
上都
遼陽
鴨緑江
平壌
北京
大都
開京
天津
京城（ソウル）
日本
高麗
黄河
済南
対馬
中書省
河南江北行省
揚州
合肥
南京
上海
長江
●は現代の地名

いま韓国では、現在の北朝鮮から満洲、沿海州にまたがって領土としていた渤海《ぼっかい》も朝鮮人、韓国人の国だったと言っていますが、朝鮮半島の北と南はもともと種族が違っていたと私は思います。北は狩猟、遊牧が主で、南は農耕なので、生活習慣がまったく違うからです。

日本にしても、もちろんいろいろな人たちが入ってきて混血しています。北方のシベリア方面からも来たし、南方の島嶼《とうしょ》からも海伝いに来たでしょう。最後には朝鮮半島からも入植しています。しかし、日本は日本という国をつくったあとの移動は比較的少なかった。江戸時代には大名が移封されて、家来も一緒に土地を替えて日本全国各地に行っています。いま秋田美人と言われるのは、茨城の佐竹藩が角館に移ったために茨城からは美人がいなくなり、秋田が美人の産地になったと言われています。しかし、日本では、いろいろな人たちが混じっていきましたが、それでも風土によって地方性は残りました。

ところが、シナ大陸や朝鮮半島では、次々に異民族が入ってきたので地方文化が形成されるということがなかった。いったん流入しても、それで終わりにならないのです。しかも入ってくるのは常に北方の馬に乗った遊牧民だから軍事的に強い。したがって、北から入ってきた人が支配者になります。支配する民族と支配される民族ではまったく人種が違うので、その支配は過酷なものになりがちです。そう私は理解します。私のようにモンゴル史をやってきた人間から見ると、朝鮮半島は最初から北と南は成り立ちが違っていたのだとしみじみ思うのです。

シナ文化圏の漢文資料はまったく信用ができない

シナ大陸もそうですが、朝鮮半島も異民族が入れ代わり立ち代わり政権をたてるという、変転きわまりない苛烈な土地だったのです。ですから、そもそも朝鮮半島には民族の通史はないに等しいというのが本当のところです。三国時代（高句麗・百済・新羅）から武臣政権、後三国時代などという時代区分は知られていますが、歴史資料があまりにも乏しいうえに、書かれたものがほとんど信用できないのです。

シナや朝鮮半島では歴史資料はまったく信用できません。そもそもシナ文化圏においては、漢字は、いかに自分たちが正しいか、正統的であるかを主張し、書き残すために使われた文字です。

私は東洋史が専門ですが、漢文で書かれた史料は信用できません。信用できない史料からどうやって本当のことを読み取るかというのが、まさに東洋史学者の腕なのです。ほとんど歴史探偵というか、推理作家みたいなものです。

朝鮮半島で現存する最古の歴史書である『三国史記』が完成したのは高麗時代の一一四五年のことです。『三国史記』は、第一七代仁宗の命で金富軾《きんふしょく》らが作成した紀伝体の歴史書で、三国時代から統一新羅末期までが対象になっていますが、編者の金富軾が新羅王族の末裔《まつえい》だったこともあり、新羅寄りの記述が多く、必ずしも公正中立な史書にはなっていません。同時代のシナの正史と照合する必要もあり、古代コリアの歴史はなかなか一筋縄ではいきません。

この『三国史記』のほかにもうひとつ一三世紀末に一然《いちねん》という坊さんが書いた『三国遺事《いじ》』がありますが、これは正史である『三国史記』からこぼれた逸話や神話をまとめたもので、日本で言えば『古事記』といった位置づけの史書です。

『三国史記』はそれ以前の歴史資料を参照して書かれていると言っていますが、高句麗の『留記』『新集』、百済の『百済本記』『百済記』『百済新撰』など、名前だけしか残っておらずすべて散逸しているために、どのように編纂されたのか、その原本にあたって検証することができません。

ですから、朝鮮半島の歴史はかろうじて高麗以降、実際には李氏朝鮮から、ようやくある程度史実に基づいた歴史になるというのが実情です。現在の韓国の歴史教育でも李氏朝鮮以降しかまともな教育ができないのです。

新羅は唐と結んで日本と敵対したが、のちに日本に朝貢している

古代の朝鮮半島では、新羅の時代が長く続きました。『三国史記』「新羅本紀」によれば、建

国は前五七年となっていて、新羅の敬順王《けいじゅん》が高麗に帰順して新羅が滅亡するのが九三五年ですから、新羅一〇〇〇年とひとくちに言われます。しかし、本当の建国は四世紀中ごろだと考えられているので、実際は新羅五〇〇年でしょう。また、新羅が実際に建国したと思われる四世紀には、高句麗の広開土王《こうかいどおう》の碑にも倭の支配を受けたとあるように、日本の属国であった時期もあります。

新羅が朝鮮半島を統一するのは、唐と結んで高句麗と百済を滅ぼし、白村江《はくそんこう》で倭の軍団を壊滅させて以降ということになります。しかし唐との同盟関係が破れたあとは日本との関係を修復して、天武《てんむ》天皇の時代には日本に朝貢する関係にもなっているのです。

大陸とは海を隔てた日本と違って、朝鮮半島は北方の遊牧民やシナ大陸の王朝の圧力を直接受ける地政学的な位置にあるために、国を興したといっても独立した王朝を維持することは難しく、常に大国の影響下にあって、属国となっていた時代がほとんどなのです。朝鮮半島の歴史を見るときには、このことを忘れてはなりません。日本は天皇制がはじまって日本国がつくられて以降、属国になったこともなく一国のまま独立していたので、朝鮮半島の国も日本と同じだと考えがちですが、それが間違いのもとなのです。

新羅のあと朝鮮半島を統一した高麗は次々に宗主国を変えた属国だった

新羅は長く命脈を保ち続けますが、その末期には国が乱れ、後百済《ごひゃくさい》や後高句麗《ごこうくり》などが興り、後三国時代とも呼ばれます。この混乱を平定したのが高麗《こうらい》の始祖となった王建《おうけん》という将軍で、九三六年に朝鮮半島は高麗によって統一されることになります。

高麗が興った時代はシナ大陸では唐が九〇七年に滅亡したあとの五代十国の時代にあたります。シナ大陸の混乱を収めて王朝を建てたのが宋《そう》で、高麗は宋の朝貢国となります。

しかし、シナの王朝と朝鮮半島を遮断していた渤海《ぼっかい》が九二六年に北方民族の契丹《きったん》の建てた遼《りょう》によって滅ぼされると、高麗は遼からの圧力にさらされて属国となります。その後、高麗は遼を滅ぼした女真《じょしん》人の金にも服属します。つまり、朝鮮半島を統一したはいいが、高麗はほとんど独立した国とはなっていなかったのです。

独立国としての高麗の末期には、国王と文官による政治に不満をつのらせた武官が反乱を起こし、一一七〇年には高麗王を廃位させます。その後も武官同士の内紛が続きますが、一一九六年から政権を掌握した崔忠献《さいちゅうけん》が四代続く安定政権を建てることになります。これが、武臣政権時代と言われます。

しかし、チンギス・ハーンのモンゴル帝国が燎原《りょうげん》の炎《ほのお》のようにユーラシア大陸全体を支配下に置く時代となり、フビライ・ハーンが大元ウルス、シナ風に言えば元朝を建てると、高麗は元の完全な属国になります。

モンゴルが朝鮮半島を六回も蹂躙した

朝鮮にモンゴルが攻めてきたのは、オゴデイ（第二代モンゴル帝国君主、一一八六〜一二四一年）の時代からです。一二三一年からモンゴル軍が朝鮮半島に侵入して、六回も蹂躙《じゅうりん》したときに、高麗王と実権のあった軍人たちは、みな江華島《こうかとう》に逃げ込みました。

江華島は、現在の仁川《じんせん》空港から海を隔てた場所にあります。日本が明治維新のあと、日清修好条規を結んだ直後に、軍艦を送って江華島条約を結ぶ、あの江華島です。いまは橋もかかっていて、対岸から江華島は見える位置にありますが、潮の流れが早く、崖もあって、なかなか簡単には渡れない島です。モンゴル軍は船を持っていませんでしたから、王族や軍人たちは江華島にいる限り安全だったのですが、かわいそうなのはほっておかれた民衆です。どこが武臣政権か、と思いますが、高麗王と実権のあった軍人は、民衆に向かって、「モンゴル軍が来たら、島か、山に逃げるように」とだけ言いました。結局、六回侵入したモンゴルは、六〇万人もの高麗人を鴨緑江《おうりょくこう》の北に連れ帰ります。彼らを鴨緑江の北に入植させて農奴のように使役したのです。

一二五八年、江華島でクーデターが起こって武臣政権が倒れ、モンゴルに降伏するしかなくなった高麗王の太子は、自らモンケ・ハーン（第四代モンゴル帝国君主、一二〇九〜一二五九年）に会いに行きます。ところがモンケ・ハーンは南宋征伐の従軍中に四川省で疫病にかかり死んでしまいます。すると、シナにいる次弟のフビライと、故郷のカラコルムにいる末弟のアリク・ブガの間で継承争いの内戦が勃発します。

高麗王が自らフビライに降ってモンゴルの家来になる

そこで高麗の太子は、モンケ・ハーンが死んだ直後、北京で前線にいるフビライ（第五代モンゴル帝国君主、一二一五〜一二九四年）に面会を申し込みます。フビライは兄が死んだというので、急いで自分の本拠地の南モンゴルに戻る途中で、高麗の太子に会った。そこで、太子が高麗は臣従すると言ったので、フビライはとても喜びます。

まだモンゴル帝国の正式な継承者になっていなかったフビライに高麗国王は自ら降伏してきた。だから、フビライ・ハーンの宮廷のなかでは高麗国王は席次が高くなります。そして、フビライに面会にきた高麗の太子の息子にフビライは自分の娘を娶《めあわ》せると約束し、息子はフビライのところへ婿入りすることになります。

そしてフビライの娘の産んだ子がのちの高麗王になります。以降、代々の高麗王の母親はモンゴル人となり、高麗王は母親が元朝の皇帝の一族という関係になります。フビライ家の娘が高麗王の息子と結婚して、生まれた子供が高麗王になり、またその息子は元朝のお姫様と結婚する。若いときに婿入りして、元朝の宮廷で過ごすのですが、お姫様は親と一緒に住んでいて、高麗王の息子のほうが来る。じつはこれは人質なのです。

そこで子供が生まれて、元朝の宮廷でモンゴル人の皇族たちと一緒に狩猟をして肉を食べてモンゴル風の生活になじんだあとで、お父さんが高麗で亡くなったら、故郷に帰って跡を継ぐ。じつは二〇〇年間、高麗王はずっとモンゴルの人質にされてから即位していたので、高麗王朝はかなりの程度モンゴル化していたといえます。だから、韓国では肉を食べる習慣ができた。それ以前は、日本の精進料理とほとんど同じものを食べています。高麗がモンゴルの支配下に入ったあとで、食文化が変化したのです。

済州島はモンゴルの直轄地となってモンゴル馬が持ち込まれた

朝鮮半島の中世、近世につながる歴史のなかで、この一二五九年のフビライへの臣従が大きな起点となるのです。しかし、歴史の年表で区切っても、はっきりとした歴史の転換点とはならないところが、大陸の歴史の難しいところです。日本では君主が決めたら、体制は一気に変わるのですが、大陸ではそうはいきません。不平分子が多数残って反乱を起こすことが多いからです。

高麗王朝がモンゴルに降《くだ》ったときも、三別抄《さんべつしょう》という武人たちが反乱を起こします。三別抄とは三つの特別部隊という意味で、クーデターで倒された武臣政権の残存兵たちです。一二七〇年、モンゴルとの講和に不満な三別抄は、珍島《ちんとう》を根拠地として、全羅道《ぜんらどう》、慶尚道《けいしょうどう》、耽羅《たんら》（済州島《さいしゅうとう》）などを占領したのです。モンゴル人になってしまった高麗国王なんて信用できないから、自分たちの国をつくろうというわけです。

モンゴルは高麗政府軍と連合して一年にわたる猛攻によって珍島を陥落させますが、三別抄の残党が南の済州島に移って抵抗します。最終的に鎮圧されたのは一二七三年で、最初の元の日本侵攻（元寇）の前年のことでした。

済州島を根城にした反乱軍をモンゴル軍が鎮圧したから、済州島はモンゴルの直轄領になりました。このときモンゴル軍は、済州島に馬をいっぱい持ち込みました。いまの済州島馬は、全部モンゴル馬です。このときにモンゴルが持って来た馬なのです。

済州島は、じつは特別な場所で、いまでも本土からは差別されていますが、朝鮮史のなかでも、そもそも朝鮮の本土の政権が到達したりしなかったりしていました。日本にとっての沖縄のような関係です。日本との縁が深かったこともあるし、昔から歴史が朝鮮と異なっているのです。このときもモンゴルの直轄領になり、モンゴルが直接役人を派遣し、ここを牧場にしました。このためモンゴルの元朝がなくなり、明になってモンゴルが北に退却したあとも、済州島はモンゴルに忠誠を誓っています。だから朝鮮からよけいにいじめられました。

元朝皇帝が一時済州島に亡命する話もありました。奥さんが高麗人だった元朝最後の皇帝が、北の草原だけでなく、南もありかな、と思って調べたというだけのものですが、来なくてよかったと思います。蒙古襲来で成功したら、済州島を本拠地にして日本に入植する気は十分にあったわけです。

日本への蒙古襲来の司令官は高麗人だった

鎌倉時代の日本への蒙古襲来を「元寇《げんこう》」と言うようになったのは、明治時代になってからです。朝鮮と清が「倭寇《わこう》」に悩まされたと日本にさんざん文句を言ったので、「お前たちが先に来たから倭寇が出たんだ」と言うため「元寇」と言うようになりました。歴史用語としては「蒙古襲来」です。明治時代、日清戦争のころに、日本では「元寇の歌」もつくりました。「寇」

という字は日本語ではありません。このような字は日本ではもともと使いません。

蒙古襲来で、壱岐《いき》と対馬《つしま》の人々は虐殺されました。皆殺しで、女性は奴隷として連れて行かれていきます。そのあと「道がついた」ので、倭寇が、朝鮮半島や南シナに出て行くようになったのです。

文永《ぶんえい》の役《えき》のときの総司令官は、征東都元帥《せいとうとげんすい》の忻都《ヒンド》ですが、副司令官は、洪茶丘《こうさきゅう》という、モンゴル軍が鴨緑江の北に連れて行った高麗人の二世です。つまり、元朝の遼陽行省《りょうようこうしょう》生まれの高麗人で、本土の高麗よりも先にモンゴルの家来になった人です。

高麗人二世の洪茶丘は、文永の役のときは「副司令官：征東都副元帥」、弘安《こうあん》の役では「副司令官：征東都元帥」で、どちらも副司令官ですが、弘安の役では「元帥」に昇格しています。

興味深いのは、拉致されて捕虜として大陸に連れていかれた高麗人と、故郷に残った高麗人の間にも差別があることです。先にモンゴルの支配下に入った高麗人のほうが、後で支配下に入った高麗人よりも元朝での地位が高かったのです。先にモンゴルの家来になった高麗人が高麗に来て見下すのです。「自分たちのほうが元朝に近いから、あとから元の家来になった高麗人よりも、俺たちのほうが格が上だ」と考えるからです。

蒙古襲来で日本へやってきたモンゴル軍の大半は高麗人

蒙古襲来のときに日本に攻めてきたモンゴル人と言われている人たちは、ほとんどが高麗人ではないかと私は思います。モンゴルは朝鮮半島から日本にかけての地理に明るい高麗人を動員したのです。モンゴルに拉致された高麗人がモンゴル服を着てモンゴル兵にさせられました。このモンゴル化した高麗人が、同じ高麗人に対して「自分たちはモンゴル軍だ」と言って威張ったのです。

第一回の文永の役には、一万五〇〇〇人のモンゴル軍と、八〇〇〇人の高麗軍、さらに六七〇〇人の高麗人の水夫《かこ》が船をこぎました。

第二回の弘安の役のときも、朝鮮半島からやってきた東路軍は第一回と編成はほとんど同じでした。一万五〇〇〇人のモンゴル軍、一万人の高麗軍が、一万七〇〇〇人の高麗人水夫《かこ》がこぐ九〇〇艘の船に乗ってきたのです。

日本の国宝の『蒙古襲来絵詞《えことば》』は、肥後国の御家人である竹崎季長《たけざきすえなが》が「元寇」における自分の戦いを描かせたものです。当時は鎌倉時代ですが、日本国内だと、戦争で勝ったら相手の領地をもらえるわけです。ところが外国に対する防衛戦では恩賞をもらえない。そこで恩賞をもらうためにどうするかと悩んだ竹崎季長は、絵描きを連れて行きました。偉いですね。本職の絵描きを連れて行って、自分がこんなに立派に戦ったということを鎌倉幕府に報告するために、巻物を描かせたのです。

おかげですごく立派な絵が残っていますが、この絵に描かれたモンゴル軍の人種が誰かと言われたら、モンゴル服を着てはいますが、女真人なのか契丹人なのか高麗人なのか、わかりません。モンゴル軍の船の水夫《かこ》、つまり船をこいでいるのは高麗人です。絵を見ると、水夫たちは髪型も違います。

本当のモンゴル人は遊牧民だから、草原を馬で走るのは得意だけれど、泳げないから船が嫌い、海も嫌い。だから、日本には来なかったのではないかと思います。日本に来たのは、モンゴル軍といっても、契丹兵や女真兵や、遼陽行省に連れて行かれた六〇万人の高麗人から徴兵した兵隊など、高麗を通ってきた東アジアの軍隊です。

しかも日本へ来る船をつくったのは全部高麗で、漕ぎ手も高麗人です。だから、「被害者と加害者の関係は一〇〇〇年変わらない」と言った朴槿恵《パククネ》大統領には、「八〇〇年前にはあんたたちが攻めて来たんでしょ」「対馬と壱岐で虐殺をしたのは高麗人でしょ」と言いましょう。

高麗は喜んで日本を攻めた

日本国内には、蒙古襲来は高麗が元に脅《おど》されたためのもので、だから高麗がかわいそうという説もあるようですが、壱岐・対馬の住民たちが全滅させられたということは、知っておかなければならない歴史です。蒙古襲来のとき、高麗軍がしぶしぶやって来たわけではありません。大勢力のモンゴルが後ろについたからと、かさにかかって「こんどこそ日本をやっつけられるぞ」と喜んだ高麗人もいたことがわかっています。日本のカネを取ろうと、高麗のお坊さんたちまでモンゴルの君主におべっかをつかって、今度こそあの日本をやっつけられると書いている文書も見つけました。もちろん、そういう意見が高麗の全部とは言いませんが、彼らは事大《じだい》主義《しゅぎ》ですから、必ずそういう風に、バックがついて強くなったと思えば、かさにかかる連中がいたというのが、朝鮮史です。

一方日本では、モンゴル軍以外は、帰してやったりもしています。動員された一般の民衆には同情的であったのです。それでも壱岐・対馬で全員が殺されたので、その後も長く、子供が泣き止まないときには、「ムクリ、コクリが来るぞ」という脅し文句が、東北地方でも使われていました。「ムクリ」がモンゴルで、「コクリ」が高麗です。

少しでも権力に近い人は、権力から遠い同族に威張る。これを事大主義というのです。いまの北朝鮮と韓国にもこの事大主義的な思考パターンは残っています。韓国のいまの反日も歴史問題から出ていることは確かですが、台頭する中国により近い自分たちは、周辺の日本よりも偉いという事大主義の側面もないとは言えません。事大主義は歴史的に古くからある体質として、いまだ逃れられない彼らコリアンの宿痾《しゅくあ》です。

李氏朝鮮の太祖の父はウルスブハという名の女真人だった

高麗はモンゴルと血縁関係を結ぶことで、モンゴルの支配を受け入れました。高麗の次の李氏朝鮮は、のちに満洲人になる女真人が支配階級になっています。李氏朝鮮の太祖《たいそ》、李成桂《りせいけい》の父は名をウルスブハという女真人でした。現在の咸鏡南道《かんきょうなんどう》で千人隊長として一〇〇〇人の部隊を指揮する将軍として元朝に仕えていた人物です。

しかし、『李朝太祖実録《りちょうたいそじつろく》』では、李成桂の祖先は、新羅の大臣だったことにされています。そのあと第一六代まで名前だけが書いてあって、李成桂の四代前の第一七代目になって、全州《ぜんしゅう》から船に乗って豆満江《とまんこう》畔に渡り、そこで元朝の家来として有名になったとされている。そのあといまの北朝鮮の咸鏡南道に移動したのです。つまり、もともとは新羅の人だったということが付け加えられていますが、太祖の父としてモンゴル名のウルスブハという名前がはっきり書かれているのです。

また、『李朝太祖実録』には、李成桂は新羅の系統だと書いておきながら、別の箇所には李成桂のいとこは女真人の偉大な将軍だったなどとある。隠しきれずにそうしたぼろが出てくるのです。いとこが女真人なら、李成桂も女真人ということになります。それを夫の岡田英弘と私が書いて岡田宮脇研究室のホームページに載せたところ、韓国から猛烈な批判が来ました。

どう見ても、ウルスブハという名前自体、高麗人がわざわざそんなモンゴル名前を使うとは思えません。でも「当時はモンゴルの支配下だったから、かっこいいと思って自分でモンゴル名を名乗った人もいた」などという屁理屈で、韓国人から文句を言われました。

しかし、李成桂は咸鏡南道の出身で、女真部族の平定で名をあげている。高麗のやわな人たちには、狩猟民である女真部族の平定などとてもできません。李成桂はこうした軍功があったので朝鮮半島の南部に派遣され、その後、日本からの倭寇の平定もする。こうして南でも偉い将軍として有名になって、高麗王朝を乗っ取ることになるわけです。

李氏朝鮮は高麗の万人隊長だった李成桂の謀反によって建国された

李成桂が高麗王朝を倒すことができたのは、元朝の末期に、モンゴル人の将軍たちが内紛を起こしてお互いに殺し合ったからです。元朝は支配階級が権力争いをしてしだいに弱体化していました。明を興す朱元璋《しゅげんしょう》などによる紅巾《こうきん》の乱がシナの南部で起こったのを鎮圧できなかったのも、鎮圧に赴いた将軍が権力を持ちすぎるのを危ぶんで、元朝の皇帝がその将軍を殺したりしたからです。

そのすきにつけ込んで高麗王が咸鏡道に攻め込んだのです。要するに、シナ南方の反乱に手をとられていて、モンゴルが高麗に兵隊を送れないことはわかっている。このときに李氏朝鮮の王族の祖先は高麗の家来になりました。李成桂は高麗で万人隊長になって、豆満江から沿海州の女真部族の平定で名をあげた。子分には女真人がたくさんいます。彼らは武力にすぐれていて兵隊として強いから、元朝が北に退却したあとで、自分たちが高麗を乗っ取ったのです。

高麗王は母方がモンゴルですから、紅巾軍に大都から逐《お》われて北の草原に逃げたモンゴルを助けるために部下の李成桂を派遣しました。しかし、李成桂は「時代が違う。モンゴルは弱体化しているので、モンゴルについたら朝鮮も生き残れない」と言って反乱を起こした。このクーデターを「威化島回軍《いかとうかいぐん》」と言います。このころのことは韓国のテレビが『龍の涙』という題名で大々的に全一五九話もあるドラマにしていました。

ところが、この韓国ドラマでは、自分たちの都合のよいところだけつまんでドラマ化して、高麗王朝にいかにモンゴルの血が入っていたかには触れず、まったく史実を書きかえてしまっています。李成桂は、家来たちに「あなたのほうが王様にふさわしい」と何度も言われたが、何度も断って、最後に断りきれなくて王になったというように儒教倫理にのっとって都合よく書かれている。詳しくは『朝鮮半島をめぐる歴史歪曲の舞台裏　韓流時代劇と朝鮮史の真実』（扶桑社）に書きましたので、そちらを参照してください。

「朝鮮」という国号を明から与えられた李氏朝鮮

じつは当初、李成桂は、高麗国王と名乗って明に使者を派遣しています。ところが、明の皇帝から「高麗王を廃位して新しい王朝を建てたのに、国の名前は本当に同じでいいのか」と言われて、初めて気がつくのです。このことは『李朝太祖実録』に書かれていますから、史実です。

新しい国号を求められて、「和寧《わねい》」と「朝鮮」の二案をつくって明の皇帝におうかがいを立てた。和寧はじつはモンゴルの首都だったカラコルムのことで、その漢字名でした。明にしたら、そんな名前はとんでもない。だから明が「朝鮮」を選んだことで、朝鮮という国号になったわけです。

もし李成桂が本当に漢字文化圏の出身だったら、高麗王を廃位させた段階ですぐに王朝の名前を変えたはずです。モンゴル人は上下関係もないし、長幼の序もなく、儒教的な考え方はいっさいないので、そういう発想がありません。女真人も、モンゴル人同様、北方の狩猟民だから、同じような文化を持っています。だから、李氏朝鮮は、どう考えても北方狩猟民族出身者が建てた王朝だと言えるのです。

しかしながら、結局、朝鮮半島にいた儒教文化にそまった人たちを支配下に入れていくので、そのあとは、李氏朝鮮は本国のシナよりも過激で極端な儒教文化圏になっていきました。

朝鮮史の歴史文献にはまっとうなことはひとつも書かれていない

李氏朝鮮になったあとで、高麗王の一族は皆殺しにされます。歴史資料にはありませんが、高麗時代の支配層の財産を全部取り上げて、自分たちの一族の間で分けたと思います。それから、高麗時代の官僚たちを臣下として、自分たちの家来にしています。

どういうことかと言えば、高麗に仕えていた家来たちは寝返ったということです。史書として残された文書にはきれいごとが書かれていますが、実際は高麗王から李氏に乗り換えたのです。帰順しなかった人たちは一掃されて、王様には毒を飲めと強要して殺した。李氏朝鮮で支配者になった女真系の人たちが、以後の五〇〇年間、ずっと支配者です。この間、朝鮮半島では支配層と被支配層はいっさい移動がなかったという歴史です。

朝鮮史は本当に難しいのです。歴史的文献にまっとうなことは何ひとつ書かれていないからです。つまり、読んでそのままわかるというものが何もない。言いわけとウソとこじつけで正当化した文章しか残っていない。それらを読みながら、ここはウソで、こちらが正しいなどと判断しなければならないのです。書かれたものをそのまま並べても、何もわかりません。

私はモンゴル史の研究者で、専門は中央アジアのジューンガル帝国です。朝鮮史の研究は、モンゴル史の一部としてあとから取り組んだものです。私は朝鮮史の人とはほとんど付き合いがありません。当初から朝鮮史の研究をしていたら、こういうことは決して言えなかったでしょう。朝鮮史の外部の人間だったので、はっきりものが言えるのです。

第3章

李氏朝鮮は停滞の五〇〇年だった

五〇〇年の長きにわたって階級が固定されて発展しなかった李氏朝鮮

李氏朝鮮は、一三九二年から一九一〇年まで、約五〇〇年の長きにわたった王朝ですが、その歴史はひとことで言えば、怖ろしいまでの停滞にあったと言うことができるでしょう。

李氏朝鮮では、一割ほどの支配層が両班《りょうはん》（ヤンバン）と呼ばれる貴族層になって、以下、中人《ちゅうじん》、常民《じょうみん》、賤民《せんみん》、奴婢《ぬひ》と続く五階層の身分制度が続きました。

両班とは、もともとは高麗時代にはじまった官僚制度で、文臣（文班）と武臣（武班）という意味です。李氏朝鮮時代になると、科挙《かきょ》（文科と武科）を受けることができる階級という意味になっていきました。儒教社会ですから、身体を使って汗をかく人間は下層階級です。だから、武臣の地位は、文臣に較べてひじょうに低かった。儒教の考えでは、偉い人は頭だけを使うものであって、自分の身体を使うのは卑しむことだったので、両班は、キセルや本すら自分では持たなかったと、朝鮮末期にお供を連れて現地を旅行したイギリス人の勇敢なおばさま、イザベラ・バードが『朝鮮紀行』（講談社学術文庫）で書いています。

日本でも江戸時代には、士農工商《しのうこうしょう》で四民《しみん》と言いました。しかし、日本の士農工商は身分の入れ替わりがありました。お金持ちになった商人はお金で位を買って、士《さむらい》になったり、士でも下層の人は商売人になったり、商人にお嫁に行かせたりと、社会階層の間で移動があったの

李氏朝鮮の朝鮮八道

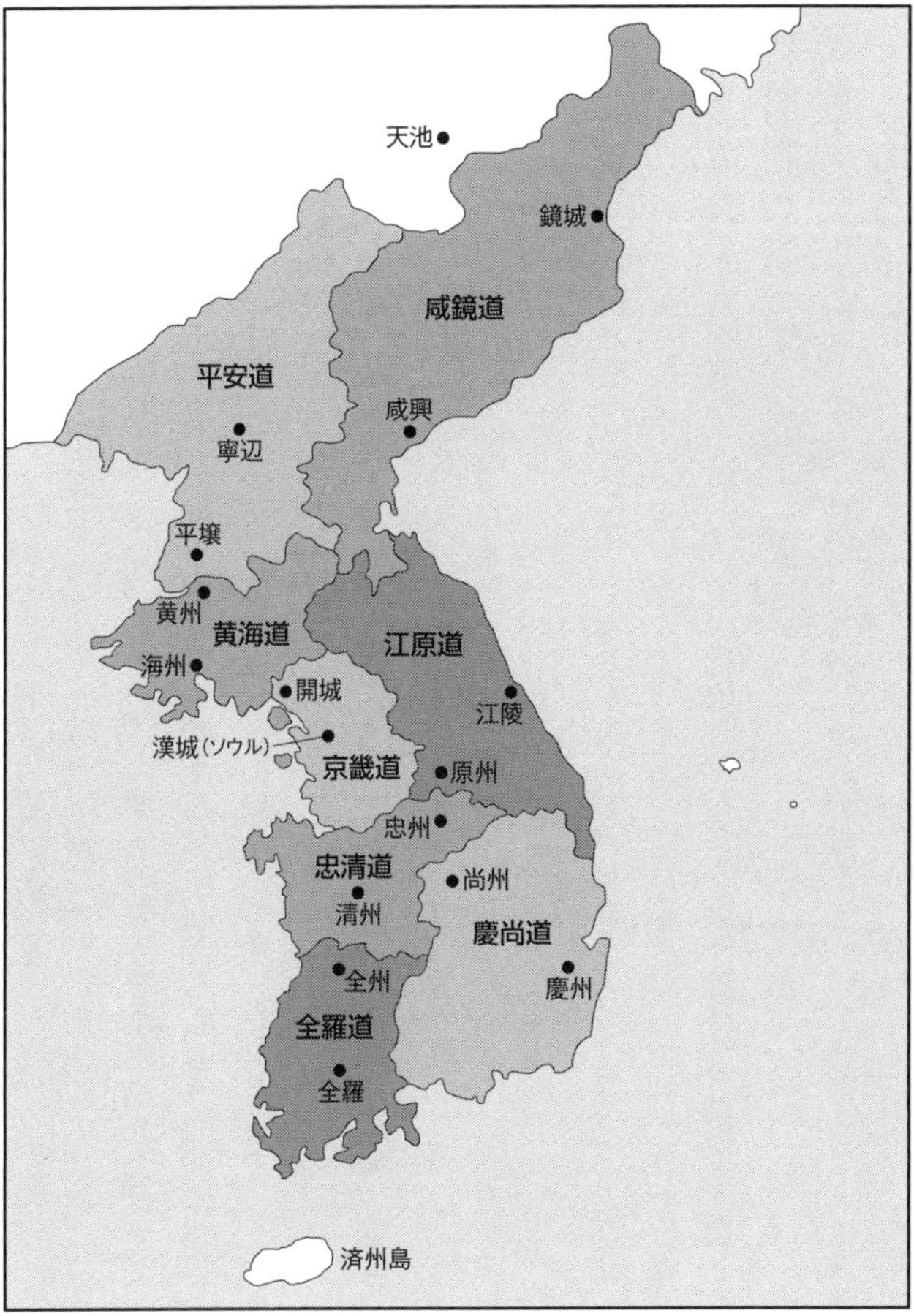
天池
鏡城
咸鏡道
平安道
咸興
寧辺
平壌
黄州
黄海道
海州
江原道
開城
江陵
漢城(ソウル)
京畿道
原州
忠州
忠清道
尚州
清州
慶尚道
慶州
全州
全羅道
全羅
済州島

です。言葉も通じないで差別したという歴史はありません。

ところが、儒教社会の李氏朝鮮では、身分と階級が厳然と固定化されて存在し続けたということです。私の考えるところによると、おそらく高麗王の財産を全部取り上げて、新たな支配層がその土地の領主になったり、殺した人間の領地を分けたりしたようですが、いったん領主となった支配層がそのまま居座り続けて固定化しているのです。なぜそうなったのかについては、私にもよくわかりません。

まず考えられるのは、李成桂の息子たちは、太祖である父親の生存中から、お互いに殺し合っているので、分ける領地そのものが少なかったと推測されることです。朝鮮半島の土地は、南部では農業ができますが、北部は地味が薄く、農耕に向きませんから、何も生み出さないのです。

日本の江戸時代は新田開発が盛んに行なわれて、最初は藩主導で実施された開拓が、後には富裕な商人によって行なわれるようになっています。江戸幕府は、なぜか新たに検地をせず、太閤検地《たいこうけんち》をもとに年貢《ねんぐ》を取っていたので、新田からあがる農作物は実質無税となったために競って開発が進んだのです。

ところが李氏朝鮮の朝鮮半島では、日本のような発展がまったくありません。李氏朝鮮時代はすべてが横ばいでした。土地改良にしても商業にしても、発展していない。李朝五〇〇年の

1897年のソウル南大門。染料が買えないため、人々は白い服しか着ていない。

間にまったく生産性があがらず、経済のパイが大きくなっていないというのはじつは驚くべきことなのです。

李氏朝鮮の時代にそれまであった車輪がなくなってしまった

モンゴル時代の高麗は、イスラム教徒たちが世界貿易を行なって、パクス・モンゴリカ（モンゴルの平和）という言葉まで生まれたモンゴル帝国の支配下にあったので、人の移動もあったし、モノも来ました。ユーラシアの全域を網羅した商業ルートの東端にあって、貨幣もあったし商売もあったはずです。モンゴル帝国は東西の交流が盛んで、広域な商業活動が活発に行なわれていました。元朝の末期にはインフレーションを起こしはするものの、フビライのつくった不換紙幣はペルシアあたりまで流通していたほどです。だから、高麗もこうしたモンゴルの経済活動の恩恵を受けていて、決して生活レベルは低くなかったと思われるのです。

朝鮮史に詳しい古田博司氏から教えていただいたのですが、高麗時代は少なくとも羊は飼育していたようです。モンゴル軍が来ているので、もちろん馬もいました。先に述べたように、済州島は日本にも近いので、モンゴル人が直轄地にして日本攻略の拠点として、馬を入れたのです。李氏朝鮮時代になっても、この済州島の馬は死に絶えなかったのですが、羊はいなくなってしまいました。おそらく食べてしまったのでしょう。

また高麗時代にはあった荷車が、李氏朝鮮時代には車輪がなくなってしまいます。車輪をつくるための、木を曲げる技術を失ってしまったからです。それまであった技術がなくなるというのは驚きです。

車がないということは、重いものもすべて人間が背負って運ばなければならないということです。しかも、樽《たる》をつくれないので、お酒はあったとしても、すべて、土甕《つちがめ》に入れて人が背負う。馬だけはいるので、人は馬にまたがって乗りますが、馬が引く馬車はありません。韓流ドラマによく出てくるように、偉い大臣は輿《こし》に乗って移動しました。人間が担ぐ棒につったお輿に乗るのです。日本では『源氏物語』にもあるように平安時代から牛車がありました。江戸時代には人間がかつぐ駕籠《かご》も使われますが、重い荷の運搬には荷車を使うのが普通です。ところが、李氏朝鮮時代の朝鮮半島には荷車すらなかったのです。

染料がないので白い服を着るしかなかった

交易といえば、シナの王朝である明や清に朝貢して、モンゴル馬や宦官《かんがん》や貢女などを贈り、シナの王朝から下賜されるかたちでモノをもらうしかありません。通貨も第四代の世宗大王の時代に鋳造して普及させようとするのですが、もともと経済活動の発展がないのでほとんど流通していません。

シナから輸入された染料などの貴重品は人口の一割以下の両班しか使えません。両班だけは衣類に染色もしましたが、庶民は染色するお金があったら食べ物を優先してしまうので、みんな真っ白い服を着ていた。日本統治時代ですら、どの写真を見てもみんな汚れた白い服を着ています。生成《きな》りの色のままで、色ものを着なかったという証拠です。

李氏朝鮮がなぜこのように文明を退化させたかは不明ですが、ひとつの理由としては、自国の防衛のためだったかもしれません。大陸とは地続きなので、自分たちに魅力がないほうが安全だという考え方です。もうひとつは、太祖の李成桂は晩年に王子たちが殺し合うのを悲しんで仏教に帰依しますが、李氏朝鮮は儒教思想によって統治されたので、シナの王朝と同様に、王や皇帝が庶民の生活を守るという考え方がまったくなかったということが言えると思います。

李氏朝鮮を呪縛した儒教の朱子学

朝鮮半島の宿痾となった事大主義は、大陸の周辺に位置する半島という地政学的な条件によるところも大きいと思われますが、李氏朝鮮の時代に儒教が支配イデオロギーとなったことで決定的となりました。とりわけ朱子学《しゅし》です。

宋代に朱熹《しゅき》が儒教の古典を体系化したのが朱子学です。朱子学はモンゴルが建てた元朝時代に科挙の試験に取り入れられ、明代には国家教学になっています。その根本原理には道教や仏教の思想も取り込まれて、哲学的、宇宙論的な広がりのある学問になっています。この朱子学をもっとも熱心に取り入れたのが李氏朝鮮だったのです。

高麗の時代に朱子学は入っていますが、高麗では仏教も信仰されていました。ところが李氏朝鮮は、高麗王一族を皆殺しにすると同時に仏教を排斥し、儒教を国教にします。儒教の朱子学は上下関係が厳しく、支配者と被支配者がはっきりしていて統治に都合がよかったからでしょう。

朱子学は「理気二元論」で世界を説明します。気は、経験的に知ることができることで、物質やエネルギーまでも含む、この世界にあるものや現象のことです。理は経験では知ることのできない法則、原理のことで、理と気は相互に転換することのない概念で、いわば形而上と形而下を分けて考えるので二元論ということになります。

朱子学には「理一分殊」という言葉があり、それぞれが特殊な分を守ることで、唯一の理が成立すると考えます。特殊なそれぞれの分には追求すべき理があるというのが本来の考え方ですが、安易に使われると、現在ある体制を固定化する論理にもなってしまいます。このために上下関係を厳しく区別し、権威を絶対化して、政治支配の道具とされる面があるのです。

下の階層の人間は上層の人間に従わなければならないという垂直の上下関係を水平方向に敷《ふ》衍《えん》すれば、中心が中華で周辺は蕃夷《ばんい》という華夷秩序《かいちつじょ》の論理になり、ここから事大主義も生まれることになります。

また「一物一理」といって、朱子学ではひとつの物事にはひとつの理しか認めません。現実の出来事や事態には、ひとつの理しかないので、複数の要因がからみあった事情を理解できません。朱熹自身は、ひとつの理の内容を理解することはきわめて困難なことと考えていたようですが、実際には安易に支配的な秩序や規範を理とすることで、それ以外の理を認めずに断罪するということにもなりかねない面があったのです。

例えばいま韓国が日本の韓国併合を植民地主義として批判していますが、植民地主義という理が立ってしまうと日韓併合にまつわる複雑な政治状況をいっさい考えることなく、それは悪であると決めつけることにもなるのです。「名分が立たない」とよく韓国人がいうのは、この「一物一理」の理が立たないということで、逆に理が立てば鬼の首をとったように相手を責め立てることになるのです。

下位の人間を見下すことに明け暮れた五〇〇年の不毛

李氏朝鮮ではこの朱子学イデオロギーが徹底的に支配原理として使われました。先にも少し言ったように、頭のいい人は、頭脳に理があるので身体を使ってはいけないということになります。人間の身体と同じで、手足は労働をし、頭は頭を使うだけ、頭を使うほうが高級だと理解するのです。だから汗をかいて働く人間は下層階級になるのです。頭を使って手足をいっさい動かさないで座って命令だけしている人が両班《ヤンバン》です。

両班という言葉は、先にも言ったように、本当は文官と武官の両方のことですが、朝鮮半島に限っていえば武官の地位が非常に低くて見下されることになりました。武人は手足を使うので差別されたのです。これが日本の江戸時代と根本的に違うところです。

日本では、江戸時代に国内で戦争がなくて平和になってしまったので、武士階級は官僚になってしまいますが、それでも文武両道を尊《たっと》びました。武道に励みながら、「四書五経《ししょごきょう》」も熱心に勉強したのです。日本の支配階級である武士は儒教を学んだけれども、漢籍に強いだけで武道に励まない者は同僚から尊敬されませんでした。

江戸時代になる前、豊臣秀吉の朝鮮出兵がありました。海を渡って朝鮮に入ったあと、どこでもほとんど戦闘にならず、釜山《ふさん》からあっという間に平壌《へいじょう》に到達し、加藤清正などは、朝鮮半島を通り越して沿海州《えんかいしゅう》まで行ってしまいます。李氏朝鮮では武人の地位があまりに低かったので、戦闘能力がなかったからです。城を包囲してから落ちるのに三時間しかかからなかったという話もあります。

だから、いまの韓流歴史ドラマで、義賊がかっこよく、香港映画ばりにワイヤーアクションをしたり、戦争シーンがハリウッド映画のようなのは、すべて史実ではありません。軍隊は、モンゴルが攻めてきた高麗時代も逃げてばかりでしたが、朝鮮時代はさらに弱くなっていたのです。

朝鮮を支配していた両班階級も一体ではありません。地方で税金を徴収するような一族は下層の両班と言われてばかにされる。他方、都にいて王様に近いところに座っている人はより位《くらい》の高い両班になります。両班内部でも位がはっきりしていて、より下位の人間を見下すことばかり考えていた。李氏朝鮮とは、そういう五〇〇年だったのです。

中人の代理受験で両班階級の地位が守られた

儒教の国だった李氏朝鮮で両班になるには、たてまえ上は「四書五経」を勉強して科挙に受からなければなりません。科挙に通らなければ両班階級ではなくなるはずですが、そういうことには決してなりませんでした。

どうしてかというと、科挙の試験はいちおうあって、両班の息子は出来がよかろうが悪かろうが試験を受ける。その試験会場に、家来の中人《ちゅうじん》がやってくるのです。

両班は仕事をしませんから、実際の実務は中人がやっていました。父親が両班でも母が奴婢階級の出身だったりすると、中人階級にされるのです。この中人たちが家の仕事もするし、政治の実務も担当しました。

その中人階級が科挙の試験中にお弁当を持ってくる。「坊ちゃん、弁当です」と言って、科挙を受けているバカ息子が弁当を食べている間に、中人が代わりに答案を書くのです。両班の息子たちが弁当を食べ終えると答案ができている。科挙の試験官はみんな受験生である息子の親の両班の部下ですから、代理受験も見て見ぬふりをしたのです。

シナの王朝も朝鮮半島の王朝も、漢文だけが支配の道具として使用されました。漢文は助詞もなく言葉の意味も「四書五経」を知ったうえで文脈を読まなければわからない、きわめて不自由な文字です。誰もがすらすら漢文を読めるというものではありません。シナでも朝鮮半島でも一握りの階級が漢字を独占し、民衆には情報を流通させないことで支配してきたのです。これも儒教の負の遺産です。シナや韓国と日本とがどこで差がついたかといえば、まさにこの儒教と漢文に理由があったのです。

日本は、古くからひらがなとカタカナがあったので、ちょっと勉強すれば、誰でもすぐに自分の名前程度は書けるようになったし、やさしい本は読めるようになりました。江戸時代の日本は、識字率がひじょうに高かったことで有名です。各藩の武士たちは藩校で「四書五経」その他の漢籍を学んでいますし、庶民は寺子屋で読み書きそろばんを習いました。武士の家に生まれた女子はそれなりの教育を受けましたし、庶民でも寺子屋に行く女子は少なくありませんでした。とくに商家の女子は読み書きそろばんが必要だったでしょう。日本は、士農工商という身分制度はありましたが、江戸時代にすでに、世界水準から見てもたいへん文明度の高い社会をつくりあげていたのです。だから、明治時代になって四民平等になったあと、たいへんスムーズに国民国家に移行することができたのでした。

李氏朝鮮の小中華は清朝という異民族支配に対する反発から形成された

豊臣秀吉の朝鮮出兵のとき、朝鮮の宗主国である明は求められて兵を出しましたが、明の兵隊の質も低くて、かえって朝鮮は不利益を被りました。朝鮮にやってきた明軍は、各地で略奪したうえに、日本軍には勝てないので、朝鮮人を殺して、その首を取り、日本兵だといって上官に差し出して褒美《ほうび》をもらった、という話もあります。

それでも、明は朝鮮の宗主国でしたが、一七世紀はじめ、満洲の狩猟民である女真人のヌルハチが後金国《こうきん》を建て、サルフの戦いで明軍に圧勝して、遼東《りょうとう》から明を追い出してしまいます。その息子のホンタイジが後金国ハンに即位すると、「明から寝返ってこちら側につけ」と後金軍が朝鮮に侵攻しました。秀吉の朝鮮出兵を、朝鮮では「壬辰倭乱《じんしんわらん》」と言いますが、ホンタイジが朝鮮に攻め込んだのを、朝鮮では「丁卯胡乱《ていぼうこらん》」と言います。朝鮮人は北の狩猟民である女真人を野蛮人と見下して「胡」と呼んでいたのです。

朝鮮では反対意見もありましたが、明にさえ大勝した後金軍にはさからえず、明の年号を使わないこと、王族を人質に差し出すことで和議を結び、これ以後、後金を兄、朝鮮を弟と見なすことになりました。

ところが、朝鮮王は後金国と和議を結びましたが、朝鮮の儒者たちは納得しませんでした。

漢字も読めない女真人なんか、それまで人間扱いもせず野蛮人だと見下してきたのに、はいそうですか、とは言えません。

そして一六三六年、いよいよホンタイジが皇帝となり、大清という国号を定めたとき、朝鮮に「こちらはもう本当の皇帝になったんだから、明を捨てて臣属しろ、朝貢して来い」と言ったのですが、朝鮮は知らん顔したのです。激怒したホンタイジは、直ちに朝鮮へ攻め込みました。これが「丙子胡乱《へいしこらん》」です。

清軍があまりにも早く李氏朝鮮の首都であるいまのソウルに至ったので、王宮にいた朝鮮王は地方に逃げるひまもなく、ソウルの郊外の南漢山城《なんかんざんじょう》という小高い丘に逃げ込んで、清軍に包囲されてしまいました。

李氏朝鮮は、このときに清朝に完全に降り、仁祖《じんそ》は清の太宗皇帝に跪《ひざまず》き、三跪九叩頭《さんききゅうこうとう》をさせられました。これは、臣下が皇帝に対して最上級の尊敬を表すお辞儀《じぎ》で、三回跪き、その都度三回ずつ頭を地面にこすりつけるというものです。

こうして朝鮮は、それまで自分たちが野蛮人と軽蔑していた女真人を宗主と仰ぐことになったのです。女真人は、清朝を建てるときに、女真という種族名をやめて、自分たちをマンジュ（満洲）と呼ぶことにしました。満洲は、最初は種族名で、それがやがて彼らの故郷を指す地名になるのです。

清は朝鮮を臣属させたあと、明が内乱で滅んだので、万里の長城を南に越えて北京に入り、シナ本土も支配するようになります。やがてモンゴルやチベットや新疆《しんきょう》も支配下に入れて、シナ史上最大の版図《はんと》を持つ大清帝国になっていくのですが、朝鮮人は心の底ではずっと、清の支配層は野蛮人出身だと見下していました。これが、朝鮮こそが本当の中華だ、という小中華思想につながるのです。

第4章

日本がいなければ大韓帝国はなかった

西欧列強は何の利益も生まない朝鮮半島を無視した

日本が幕末から明治維新へと政治体制を変革していたころ、李氏朝鮮はどうなっていたのでしょうか。

李氏朝鮮末期の一八六四年から一八七三年まで、息子の朝鮮王高宗《こうそう》の執政として朝鮮の国政を司っていたのが、興宣大院君《こうせんだいいんくん》です。大院君は本当は階級、地位の名前ですが、興宣大院君だけが大院君として有名なので、大院君といえばこの人です。

彼は王族の一員でしたが高い地位にあったわけではありません。しかし、朝鮮王の直系が絶えていなくなったあと、自分の息子を朝鮮王にして、息子がまだ若いということで自分が摂政になって、実権を握ったのです。

日本の歴史教科書には、「大院君は旧勢力を弾圧し国内を果断に改革した」とありますが、これはほめすぎです。戦後、日本で書かれたものは朝鮮や韓国に遠慮してばかりです。最近、若い人たちに正しい近代史を教えるために、中学校や高校で使っている日本の歴史教科書をいろいろ読んでいますが、驚いたのは外国のことはみんなよく書いていて、悪いことはすべて日本のせいにしていることです。国際平和のためなのかどうか、相手国のいいことだけを書くと当然、矛盾が出ます。歴史的な事件がなぜ起きたのかを説明するときに、矛盾はすべて日本のせいにするのです。問題が起こるのは相手にも理由があるはずなのに、責任はみんな日本が引きかぶる。自虐史観《じぎゃく》と言われるとおりです。

大院君は、息子である高宗を差し置いて国内で権力をふるったのは確かで、その意味では実力はあったのでしょう。しかし、彼が実際に行なった政治は、帝国主義列強のアジア植民地化に対抗するにはあまりにもお粗末なものでした。世界情勢を理解せずにひたすら排外的な政治に終始しています。キリスト教を禁圧し、フランス人宣教師やキリスト教信徒を処刑し、フランス艦隊やアメリカ艦隊をやみくもに追い払っているのです。当時の李氏朝鮮に諸外国の艦隊を追い払う実力などなかったはずなのに、よくできたものだと感心するほどですが、列強にしても朝鮮半島

朝鮮王高宗の執政として権力をふるった大院君。

を支配してもいいことはなにもなかったので、早々に退散して報復にも来ませんでした。

フランスやイギリス、アメリカなど列強が狙っていたのは、清朝のシナでした。日本も朝鮮半島もシナに行く途中に寄ってみただけのことです。シナを開国させ、日本を開国させ、ついでに李氏朝鮮も開国させようという順番でした。そうしたら、李氏朝鮮からものすごい抵抗にあった。しかし、朝鮮半島はあまりにも貧しく、交易の対象にならなかったので目こぼしされたようなものです。

例外だったのはロシアです。ロシアには伝統的に南下政策があります。ロシアの国境線をなるべく南方に広げるという国防上の理由がありますし、なによりもロシア艦隊のための不凍港が必要だったからです。ここに日清、日露の戦争を日本が戦わざるをえなくなる契機が生まれるのです。そこに李氏朝鮮の国内の混乱がからんできます。

閔妃と大院君の権力闘争が国内外に投げかけた波紋

大院君が外戚の権力をおさえようとして、自分の妻の一族から宮中に入れた高宗の王妃の閔《びん》妃《ひ》は、当初は舅《しゅうと》の大院君によく仕えたのですが、宮中に自分の勢力を持つや、一八七三年に大院君を追放してしまいます。朝鮮王朝内における舅と嫁の対立です。

高宗は政治に興味を持たず、放蕩三昧《ほうとうざんまい》で、最後まで軟弱な人だったので、国王親政という名のもとに今度は閔妃が実権を握ります。つまり、夫を押し立ててじつは義父を排除したのです。閔妃の親戚である閔《びん》一族が、宮中を牛耳《ぎゅうじ》るようになりました。

閔妃は大院君との勢力争いから日本を後ろ盾にしようとしましたが、日清戦争でせっかく日本が勝ったのに、ロシアが主導した三国干渉で遼東半島を清に返還したのを見て、日本ではなくてロシアのほうが強いというのでこんどは親露排日策を取るようになります。これが日露戦争になる一番大きな原因です。日本が朝鮮半島の政治に巻き込まれていくのは、大院君と閔妃が権力争いを続けて、清、ロシア、日本という周囲の強国と結んだり、離反したりを繰り返したせいです。

閔妃と言われてきたが、この写真は別人らしい。

王朝の内紛が続いたために国内も乱れます。壬午《じんご》事変や東学党《とうがくとう》の乱も、閔妃と大院君の抗争が原因です。閔妃についてはあとで詳しく触れます。

国民国家という世界の新しい流れに取り残されたシナと朝鮮半島

日本は明治維新で国民国家を成立させましたが、清朝と李氏朝鮮は、国民国家の形成に対する自覚もなければ、意志もなく、自分たちが持つ特権を保持するために、旧来からの王朝体制を維持することにばかり熱心だったせいで、政治・外交における混乱を招くことになります。

国民国家（nation state）とは、国境に囲まれた国土のなかに住む人々が、同じ言葉や同じ歴史や同じ文化を持ち、国民として平等の権利を有するという、それまでの世界になかった新しい思想で、一八世紀末のアメリカ独立とフランス革命によって誕生し、一九世紀に全世界に波及した国家体制です。

アメリカ合衆国は、北アメリカの一三の植民地の住人たちが反乱を起こして、イングランド王の私有財産を乗っ取ってしまい、それを「ステイト（財産）」や「コモンウェルス（共有財産）」と名のったのが始まりです。

フランスでは、革命で王をギロチンにかけて首を切ってしまったあと、王の財産を相続する権利がだれにあるのか、ということが問題になりました。あちらこちらに散在していた王の私的な領地・領民を、パリの市民がそっくりそのまま自分たちのものにするのは無理です。だいたい領民が承知しません。それで、フランス革命は、われこそ正当な所有権者なり、と主張する各派の間の流血の争いになり、たくさんの犠牲者を出したあげく、最後にナポレオンが実権を握って、やっと「国民」が王の財産を相続するということで決着がついたのです。それで、かつての王の財産はぜんぶ、フランス人という国民の「国家」のものだ、ということになりました。

国民国家の時代になると国民の最大の財産は国土です。そうなると、国民軍の兵士たちは、自分たちの財産である国土を外国人の侵略から防衛するためだから、勇敢に戦うに決まっています。こうして、いち早く王政を廃して国民国家となったフランスは、ナポレオン戦争に見られるように国民皆兵によって軍事力を強大化させました。

そして一九世紀後半になると、西ヨーロッパ人と北アメリカ人は、新たな国民の財産の獲得を目指して、どっと海外に進出していきました。

その結果、アジア、アフリカ、南アメリカのほとんどの地域は、西ヨーロッパと北アメリカの国民国家の植民地になってしまいました。これを反対側から見ると、植民地になることから逃れようとすれば、どうしても、自分たちも急いで国民国家にならなければならないことになります。

アヘン戦争以来の列強による「西力東漸《せいりょくとうぜん》」の危機のなかで、日本は国民が一丸となって努力し、一八六八年に明治維新を成功させ、国民国家としての体裁を整えました。しかし、清朝はもともと、満洲人がモンゴル人を同盟者として国を建て、漢人を統治し、チベットや新疆を保護するという、五種族の連合帝国でした。李氏朝鮮は清と服属関係（宗属関係）にあって、清から冊封《さくほう》を受けている朝鮮王とひとにぎりの両班階級が大多数の人々を見下していて、日本のようにはまとまることができなかったのです。

帝国主義の良し悪しは別にして、当時の国際社会は国民国家が基本であり、条約や国際法も国民国家であることが前提でした。世界のゲームはすでに変わっていたにもかかわらず、シナと朝鮮半島はその流れを理解できず、東アジアを混乱させ、国民国家として産声をあげたばかりの日本を巻き込んでいったのです。

七世紀以来の大陸との政経分離を破って締結された日清修好条規

日本では、一八五三年、アメリカ東インド艦隊司令官ペリーが黒船四隻を率いて浦賀に来港し、翌一八五四年三月に日米和親条約を結び、江戸幕府が鎖国を解いて開国しました。同じ年の八月に日英和親条約が結ばれ、その他の国々もつぎつぎと日本と和親条約を結びます。続いて一八五八年六月にアメリカと日米修好通商条約が結ばれ、七月にオランダ、ロシア、イギリス、九月にフランスとも修好通商条約を結んでいます。この修好通商条約で、貿易の関税が日本の自由にならないなど、不平等条約が強化されました。

国内の内紛を乗り越えて、日本人は一八六八年に明治維新を成し遂げました。このあとまもなくの一八七一年に、日本の明治政府は清国との間で、全文一八条からなる平等条約の日清修好条規を調印します。その概要は、

一、両国は相互に外交使節と領事を相手国に駐在させる、

二、領事裁判権を認める、

三、内地通商の禁止、

四、最恵国待遇を認めない、などです。

じつは七世紀の日本建国以来、日本の最高権威である天皇とシナ皇帝の間に正式の国交があったことはありませんでした。歴史上、日本国とシナ王朝との間で結ばれた、これがはじめての条約です。

詳しく知りたい方は、私の夫であり師匠でもある岡田英弘著『日本とは何か』（岡田英弘著作集第３巻、藤原書店）を読んでいただきたいのですが、六六三年の白村江の戦いで唐軍に完

敗した直後、天智天皇が天皇という君主号を持ち、日本国という国号をつくりました。それ以降、日本天皇の勅書は一度も大陸に持って行ったことはありません。天皇という名前と、日本天皇の暦が書かれた文書を遣唐使が持っていけば大問題です。それはシナ皇帝に対する完全なる反逆と見なされるからです。

明から日本国王として冊封された足利義満《あしかがよしみつ》は、日本国内では征夷大将軍《せいいたいしょうぐん》にすぎません。征夷大将軍は天皇から任命される臣下の位です。漢字文化圏では国王という称号は皇帝から認めてもらう、皇帝の一段下の位です。だから、征夷大将軍が明から国王と認めてもらっても、シナ皇帝と日本天皇はやはり対等な関係ということになります。表面には出ないので、外交上は何ら問題は発生しません。

つまり、日本とシナは七世紀以降ずっと政経分離をしてきたわけです。双方が知っていて知らぬふりです。つまり、正式な外交はなかったということです。

ところが、欧米列強との外交関係はそういうわけにはいきません。幕末に無理やり結ばされた不平等条約を解消してもらうために、これから日本は、帝国憲法をつくり、国際条約を守って、欧米並みの国家システムを整えます。いまで言うグローバリゼーション、つまり世界標準のすべてを日本は受け入れます。明治天皇と清国皇帝の間で日清修好条規を調印することになったのも、その一環でした。

日清修好条規を結んだ翌年の一八七二年、岩倉使節団が不平等条約改正の交渉にアメリカに渡り、イギリスやフランスもまわりましたが、まったく改正してもらえずに帰国しました。あとの話になりますが、日清戦争が起こる一八九四年、日英通商条約が結ばれ、治外法権《ちがいほうけん》だけが撤廃されました。続いて、アメリカ、フランス、ロシアもこれに同意します。けれども、イギリスやアメリカと通商航海条約を結んで関税自主権《かんぜいじしゅけん》を回復したのは、なんと一九一一年のことでした。不平等条約を結んでから半世紀以上もかかったのです。なんて長い道のりだったことでしょう。

日本からの正式な使者を拒絶した朝鮮王朝

日本は、お隣の李氏朝鮮とも条約を結んで、朝鮮を開国させなければならなくなります。というのも、フランスもアメリカもあまりにもかたくなで国際常識のない李氏朝鮮を扱いかねていて、朝鮮半島は日本に任せるという態度だったからです。

しかし、明治維新直後に日本から李氏朝鮮に正式に何度も使者を派遣したのに対して、朝鮮側は「日本からの文書の中に『皇』や『勅』という字があるのはけしからん。これはシナ皇帝だけが使うことができる文字である。日本はシナ皇帝をばかにしているのか」と拒絶するわけです。

そもそも日本は清国とはそれ以前に条約を締結しています。にもかかわらず、清国の属国であった朝鮮国王が、儒教秩序を乱したと憤慨するのです。「日本は中華秩序の外側にいる野蛮な東夷の国で、自分たちよりも序列は下のはずだ。それなのに頭越しにシナと対等な条約を結んで、そのあとで自分たちに言ってくるのはけしからん」というわけです。なんだか最近のできごとそっくりですね。

李氏朝鮮は怖いもの知らずで、フランスやアメリカも排斥し、日本も排斥したのです。

西郷隆盛の朝鮮使節派遣問題から起きた征韓論

この李朝のかたくなな態度が、日本の征韓論《せいかんろん》につながっていきます。発端は西郷隆盛《さいごうたかもり》の朝鮮使節派遣問題でした。

西郷を派遣することに反対したのが大久保利通《おおくぼとしみち》、岩倉具視《いわくらともみ》らで、西郷以下、賛成したのが板垣退助《いたがきたいすけ》、江藤新平《えとうしんぺい》たちでした。大久保利通は、当時李朝で実権を握っていた大院君は儒教の復興を唱え、攘夷を国是としていたので、西郷が朝鮮使節として赴いても、殺されるか拒否されるだけで、そうなれば開戦せざるをえなくなるとして反対したのです。このとき西郷は「自分が朝鮮に行って殺されたら攻めやすいではないか」とまで言っています。

朝鮮に派兵するよりも先にやるべき外交案件があるから後回しにしろというのが大久保、岩倉です。彼らは外国を見てアメリカやヨーロッパの実力を熟知していたので、隣国の朝鮮にかかわって戦争などしている場合ではないと判断したのです。ところが、海外事情に疎《うと》かった人たちは、正義を通せ、道理を通せと主張した。

これが一八七三年の明治六年政変です。征韓論をめぐる政変だったために、征韓論政変とも言われますが、この政変で政府首脳の半数が辞任、軍人を含む官僚も多数が辞任することになり、その後、不平士族の反乱が頻発して、最終的に西郷をかついだ西南戦争となっていくのです。

日鮮修好条規が対等の条約でなかったのは日清修好条規があったから

結局、李氏朝鮮と日本は、一八七五年に日本海軍の軍艦雲揚号《うんようごう》が測量中に江華島から砲撃を受けたことをきっかけに戦争状態になります。その結果、翌年の一八七六年に日本は全文一二条からなる日鮮修好条規を朝鮮と結びます。この条約は日本に領事裁判権を認めるものでしたが、これを戦後の日本の歴史教科書は、日本が欧米から不平等条約を押しつけられたのに、今度は日本が朝鮮に不平等条約を押しつけたのはけしからん、と説明しています。

しかし、朝鮮と対等の条約など結べるはずがなかったのです。なぜなら、清国と日本はすでに対等の条約を結んでいるわけですから、日本が朝鮮と対等の条約を結べば、清国に対して失礼にあたります。朝鮮国王は清国に従属しているのだから、日本はここでは朝鮮と対等な条約など結べません。当時の国際秩序では、日本はそうせざるをえなかったのです。

一方で、日本は李氏朝鮮に対して、清国との従属関係を解消して、早く独立国家になるようにうながしています。朝鮮に対する清の宗主権を否定しようとしたのです。日本としては、朝鮮を早く近代化させないと欧米列強の餌食にされるだけで、そうなれば日本は孤立せざるをえなくなると恐れていたからです。日本は、朝鮮半島とシナ大陸が早く日本のように近代化してほしいと本気で思い、大陸と半島に関与していくことになります。

朝鮮半島の権力闘争に日本は巻き込まれていく

一八八〇年に日本はソウルに公使館を開設しますが、李氏朝鮮が東京に公使館を開設するのは八年後の一八八八年です。朝鮮は対応が後手後手なのです。

李氏朝鮮の指導層である両班は「四書五経」を読んでいただけですから、海外事情を知らず、新時代に対応できる人材もいなかった。実務をになっていた中人階級には何もさせなかったからです。日本の幕末のように、武士が外国の情勢を研究していたというようなことがひとつもなかったのです。

有名な金玉均《きんぎょくきん》を筆頭に、中人階級のなかには、早く日本のように近代化して四民平等の社会を建設し、自分たちも教育を受けて国政に参加できるようにしたいという朝鮮人も出てきていました。日本はこういう人たちを援助しようとしたのです。

ところが、一八八二年には、大院君の扇動で日本主導の軍制改革に不満な兵士による抗日暴動がソウルで発生し、日本公使館が襲撃され、日本公使館員が殺害されます。これが壬午《じんご》事変です。

これは閔妃と大院君の権力闘争の結果として起きた事件です。閔妃は大院君を追い落とすために日本を呼び込んで、それまでの朝鮮の軍隊とは別に、自分の息のかかった兵隊を養成しようとしたのです。八〇人くらいを集めて、本隊ではない別枝《べっし》軍というものを編成し、この八〇人を日本人顧問に指導させ、新式訓練を施したのです。しかし、両班ではない上司の言うことを部下は聞きません。そのうち、大院君が閔妃の軍制改革に不満な旧軍隊をあおって事件を起こさせたのです。

朝鮮を属国にしようとする清国と日本は対立した

壬午事変で閔妃一族の政権は崩壊し、大院君が政権に返り咲きます。これに対して清国は大規模な軍隊を派遣して、ソウルを占領して閔氏政権を復活させ、大院君を天津に拉致してしまうのです。大院君は親清派だったのにです。閔妃が日本についたら、大院君は清につく。ところが、壬午事変の際に女官に紛れて脱出した閔妃は、日本が頼りにならないと思って、このあと清の袁世凱《えんせいがい》を頼るのです。まさしく事大主義そのものです。

清国としては、大院君による政変はやりすぎで国際的にも認められなかったから、大院君が閔妃を追い出したら、清国の軍隊を入れて、大院君を拉致したという順番になります。清国からしたら大院君にしても使い走りとしか見ていなかったのです。

清朝はこのころ、朝鮮を属国にするつもりで動きはじめています。日本に取られる前に清に取り込もうというのです。

壬午事変では、日本公使館が焼かれて、公使以下二八人が夜間に脱出しています。国際法では滞在国の政府には外交官を守る義務があるので、護衛を送ってくれと朝鮮政府に頼んだのですが、まったく救援隊が来ませんでした。仕方がないので公使館放棄を決断して、闇に紛れて別の場所に逃げ込んだら、今度はそこが攻撃されます。受け入れた側も混じって攻撃したというのだから、手引きしたのかもしれません。日本の公使館員は多数の死傷者を出しながら、命からがら仁川府を脱出し、小舟で漂流しているところをイギリスの測量船に救出されて、長崎に逃げ帰りました。

だから、このあと日本は派兵するわけです。軍艦五隻に陸軍一個大隊と海軍陸戦隊を乗せて、仁川からソウルまで一気に進み、居留民を保護しました。そして朝鮮政府と交渉し、日本に対する謝罪使の派遣を求めています。公使館を襲撃されて公使館員を殺されているのですから、これは国際法上、明らかに朝鮮政府に非があるわけですから当然の要求です。そしてソウルの日本公使館護衛のための駐兵権を認めさせます。これを済物浦《さいもっぽ》条約と言います。

シナにしても朝鮮にしても、政府が邦人保護をしてくれないから、結局、日本軍が駐兵せざるをえなくなるのです。事情は西欧列強も同じで、どの国も自国民保護のためにシナに兵隊を置く権利を持つことになるわけです。いま日本軍がシナや朝鮮半島に兵隊を送ったことを侵略だと批判されますが、その原因をつくったのはシナであり朝鮮だったのです。

歴史には順番があるので、原因を言わずに結果だけを言うのは公正ではありません。歴史事実を順番に並べないで、いかにも日本だけが悪いことをしたように見せているのが、いまの日本の歴史教科書なのです。中国や韓国の言い分を取り入れるという、「近隣諸国条項」などというバカな取り決めをしたあとの日本の教科書は、本当にひどい内容です。

清の李鴻章が先に朝鮮を属国にしようと企んだ

先に動いたのは清国でした。一八八一年に清の李鴻章《りこうしょう》は朝鮮関連の事務を、それまでの礼《れい》部《ぶ》から北洋大臣（自分）に移してしまいます。礼部というのは外交担当、朝貢《ちょうこう》担当の役所ですが、北洋大臣の李鴻章がその権限を取り上げたわけだから、朝鮮を清の一部にしようとした、というより、自分の勢力下に入れようとしたわけです。日本が朝鮮から外交を取り上げるより、清国のほうが先にやったというのが順番です。

李鴻章は、一八八二年には、朝鮮と「商民水陸貿易章程」を結んで、袁世凱《えんせいがい》を派遣して朝鮮を監督させます。「商民水陸貿易章程」とは何かと言えば、清国の商人が朝鮮で自由に商売ができるようにするという条約です。このとき朝鮮に派遣された袁世凱は、ほとんど植民地総督みたいなものです。

この袁世凱率いる清軍によって再び閔氏政権が再建されます。閔妃はいったいどちら側なのか。閔妃は日本に見ならって改革をはじめたのもつかの間、大院君派が清と組んで壬午事変になったら、今度は清に媚びます。しかし宮殿に戻ってくると次はロシアに色目を使う。自分の言うことを聞いてくれる後ろ盾が欲しいだけでした。

一八八四年には、ベトナムの保護権をめぐって清国とフランスの間に清仏戦争が起こります。

これが長引くとみた金玉均ら朝鮮の親日的な急進改革派が、同年一二月に日本の支援を得て閔氏政権を倒して親日政権を樹立して、清国との宗属関係を否定します。

閔妃は清国に救出を要請したので、清国は、勝手に日本公使館警備を名乗り出て一五〇〇人もの軍隊を派遣してきました。その結果、清軍と日本軍の銃撃戦になり、清軍は日本公使館に逃げ込めなかった日本人を虐殺します。竹添《たけぞえ》日本公使は日本公使館に火を放って命からがら長崎へ脱出しましたが、日本人数十名が殺され、金玉均らは日本に亡命することになりました。これが甲申《こうしん》政変です。

甲申政変のあと、閔妃は開化派の家族を片っ端から捕らえ、五親等以内の親戚を皆殺しにします。体中を切り刻んで皮膚をえぐり取りながら苦しめて殺すという凌遅刑《りょうちけい》に処したのです。閔妃は、大院君派と派閥抗争をしながら、日本に対しては漢城《かんじょう》（ソウル）条約を結んで、謝罪と賠償をすることになりました。

清国は、閔妃が頼ってきたけれども、今度はロシアに色目を使うので、三年間拉致していた大院君を朝鮮に送り返してきました。こうしてふたたび閔妃対大院君の二大派閥抗争がはじまります。

清国との間で締結した天津条約が日清戦争の導火線になっていく

甲申政変の事後処理をめぐって、一八八五年四月、伊藤博文と清の北洋大臣李鴻章は、両国軍隊の朝鮮からの撤兵、将来朝鮮に派兵する際には必ず事前に相手国に通告することを定めた天津条約を締結します。

このときに李鴻章と交渉にあたった伊藤博文はとても偉かったと思います。当時の日本は、明治維新によって近代国家建設に乗り出したとはいえ、まだ極東の小さな貧しい国にすぎません。日清戦争の前ですから清国からも東夷のちっぽけな国としてしか見られていません。この時点で、国力の比較をすれば全然太刀打ちできていないのです。

しかし、伊藤をはじめとする明治の元勲《げんくん》たちは、幕末の激動期を生き抜いてきていますから、人間が強くて、覇気《はき》がある。漢文もできて能力の高い本当の知識階級でした。気概と教養を兼ね備えた伊藤の交渉力を李鴻章も認めざるをえなかったのでしょう。清にも大院君をそのかした弱みがあって、イギリスなどから非難される恐れもあったために、日本との条約締結となります。このとき清国との間で天津条約を締結したことが、じつは日清戦争につながっていくわけです。

国際外交で清国より先手を打った日本

西欧列強が東アジアで利権争いを繰り広げていたこの時期、外交問題は日本と朝鮮とシナだけで解決できるものではなくなっていました。イギリスもアメリカもフランスもすべてからんできているのです。日本の開国の前には、ロシアが対馬を占領しますが、これはイギリスが追い払っています。すでにロシアとイギリスは、グレートゲームと呼ばれる中央アジアにおける覇権争いを東アジアにまで拡大していたのです。

一八八五年五月には、イギリスがロシア極東艦隊の通路を塞《ふさ》ぐため、対馬海峡に面した朝鮮の巨文島《きょぶんとう》を占領します。六月には清仏戦争が終結して、フランスのベトナムに対する保護権が明示され、清はベトナム（越南《えつなん》という漢字の音）の宗主権を放棄させられます。

その前年の一八八四年、清仏戦争の際にフランス艦隊が台湾海峡を封鎖したため、台湾の重大性にようやく気づいた清は、一八八五年一〇月、それまで「化外《けがい》の地」と見なしていた台湾を省にします。日本が日清戦争に勝って台湾を譲渡される一〇年前に、台湾はようやくシナの内地扱いになったのです。

このときの日本は、琉球問題にしても、台湾出兵にしても、清に対して先手先手を打っていきます。江戸末期に、列強と不平等ではありますが国際条約を結んでいたので、国際的な外交にどう対処すればいいかが日本にはわかっていたのです。日本よりもずっと早く、一八四〇年のアヘン戦争でイギリスに開国させられたはずの清のほうが、むしろ後手後手で押されていました。

清国が台湾は化外の地だと責任逃れをしたから日本が台湾出兵をした

日本が清と日清修好条規を調印した同じ一八七一年、台湾に漂着した宮古島《みやこじま》の島民五四名が、「生蕃《せいばん》（文明化していない先住民）」に殺害されるという事件がありました。日本政府の抗議に対して、一八七三年、清朝は、台湾の「生蕃」は清の「政教」が及ばない「化外」に属すと述べたのです。つまり、台湾の原住民は自国の領民に含まれないから、日本人が殺されたのは自分たちには関係がない、と言って責任逃れをしたのです。これを聞いて、一八七四年に明治政府は台湾に出兵しました。これが中国の台湾統一の汚点になっていて、いまの中国政府は清朝の支配層だった満洲人の責任だとして、この史実を切り離そうとしています。

『かわいそうな歴史の国の中国人』（徳間書店）でも指摘したように、シナの歴史は断絶の歴史であって、史実を積みあげていくような一貫した歴史などありません。司馬遷《しばせん》の『史記』以来の、王朝ごとの正統性だけを問題にする歴史観がいまだに彼らの歴史認識なのです。すなわち、軍事力で奪いとった政権こそが天命を受けた証拠なのであって、歴史は、あとから書きかえるものなのです。力による領土変更は彼らにとっては正当なのです。

彼らの歴史観は日本とはまったく違うということが、いまでも日本人には十分にわかっていません。外務省もマスコミもいまだに間違った認識のまま、日中友好さえできればいいように思っていますが、彼らは清朝最盛期の版図《はんと》を回復しようとしているのです。習近平《しゅうきんぺい》が「中華民族の偉大な復興」と言っているのは、まさしくその意味で理解しないといけません。中国は、尖閣、台湾はもちろん、沖縄も軍事力で占領してもかまわないと思っているはずです。歴史の針を列強からの干渉を受けたアヘン戦争以前に巻き戻すつもりなのです。困ったらアメリカがなんとかしてくれると思っていたら手ひどい目にあいます。自分の国は自分たちの力と才覚で守らなければ、誰も守ってなどくれません。

明治の日本人は本当に優秀でした。それは江戸の教育がよかったからです。江戸時代は武士も町人も、村の役人も、さらには農民ですら、自分で考えて自分が責任を取るという教育を受けていました。この人たちがいたから、明治の日本は世界一流になりました。しかし、いまの日本人はその遺産に頼りすぎていると私は思います。

日清戦争に勝利した日本が朝鮮の独立を清に認めさせる

時計の針を日清戦争直前に戻します。

一八九四年三月に朝鮮半島の全羅道《ぜんらどう》で東学党《とうがくとう》の乱が起こります。一八九四年が甲午《こうご》の年にあたるため、甲午農民戦争とも言われます。

朝鮮政府は乱の鎮圧のため袁世凱に清軍の派遣を要請し、六月に清軍が朝鮮に上陸しました。天津条約の取り決め通りに通告された日本も朝鮮に派兵して、七月には、日本は王宮を占領して閔氏政権を倒し、大院君をかついで親日的な内閣を組織させます。そして八月に日清両国が宣戦布告をして日清戦争が始まります。

朝鮮政府は閔妃にしても大院君にしても権力闘争に明け暮れて、国民のことは一顧《いっこ》だにしていません。清朝の属国になっても自分たちの地位さえ守れればいいと、むしろ袁世凱に反乱軍の鎮圧を頼むのです。

朝鮮からの要請で清は軍隊を派遣する。しかし、天津条約があったので、清は国際ルールにしたがって派兵を日本に伝えてきます。じつは日本はすでに情報を取っていて、すでに派兵の用意をしていたので軍を即座に出しました。

一八九四年九月には、平壌の戦いで、李鴻章が二〇年来育成してきた清国最強の北洋陸軍を壊滅させます。次いで黄海《こうかい》の海戦で清の北洋艦隊が全滅し、一〇月に日本軍は鴨緑江を渡って翌月には旅順《りょじゅん》を落とします。

翌一八九五年一月に日本軍は山東半島に上陸して威海衛《いかいえい》を占領。丁汝昌《ていじょしょう》率いる清の北洋艦隊が降服して勝敗は決します。四月には下関の春帆楼《しゅんぱんろう》で日清講和条約が結ばれました。清の全権大臣は李鴻章で、日本は伊藤博文首相と陸奥宗光《むつむねみつ》外相が全権大臣でした。

下関講和条約では、

一、朝鮮の独立の確認（清との宗属関係廃棄）、
二、清国は遼東半島、台湾、澎湖《ほうこ》列島を日本に割譲、
三、賠償金（銀二億両）の支払い、
四、片務的最恵国待遇の付与、
五、重慶、蘇州、杭州などの開港、
六、開港場、開市場における日本人の企業経営権の承認、などが決まります。

日本が清国から獲得した四以下の諸特権は、最恵国条款によって他の列強諸国もすべて共有することになりました。

この講和のおかげで、朝鮮は大韓帝国として清から独立を果たすことになるのです。

福澤諭吉の『脱亜論』のきっかけとなった金玉均暗殺事件

日清戦争の発端となった東学党の乱というのは何かというと、キリスト教や外国の思想を西学というのに対して、朝鮮国内にあったもともとの伝統的な思想を東学と呼んだのです。しかし、この乱の背景に東学の思想があったわけではありません。地方に派遣されていた役人の年貢取り立てがあまりにもひどかったので、農民たちが食い詰めて役所を襲った暴動にすぎません。その暴徒のなかに東学の一派もいたからというだけのことです。

この東学党の乱の混乱のなかで、金玉均が上海で閔妃の刺客に暗殺されます。甲申政変で日本に亡命してきた金玉均は、伊豆大島に流罪になりました。日本でも暗殺される危険があったので、安全も兼ねて隔離したのです。ところが、閔妃とは別の人物からの手紙によって上海まで誘い出されて、日本人のボディガードがついていたにもかかわらず暗殺されてしまいます。

金玉均が上海に出向いていったことについては、日本の伊豆大島で流罪になっているくらいなら死んだほうが朝鮮の役に立つと考え、出ていけば殺されることを知りつつ、あえて赴いたと考える人もいます。しかし、だまされて誘い出され、殺害されたことに変わりはありません。しかも、清国の船で遺体を朝鮮に連れて帰って、逆賊として五つに切り刻んで五カ所で遺体をさらされました。その写真も残っています。

この金玉均に対する残酷な扱いに日本人は激昂しました。とりわけ金玉均をかわいがっていた福澤諭吉が本当に怒って、「妖魔《ようま》、悪鬼《あっき》の地獄国《じごくこく》」とまで書いています。福澤は、このあとで『脱亜論』を著して、シナ、朝鮮への対応は「正《まさ》に西洋人が之に接するの風に従《したがい》て処分すべきのみ」と書きます。シナ、朝鮮のような野蛮な国とは対等な関係は築くことはできない、日本は彼らと縁を切れと主張したのです。

中国の屈辱の歴史はアヘン戦争からではなく日清戦争の敗北からはじまった

日清戦争の開戦に先立つ一八九四年七月、日本は王宮を占領し閔氏政権を倒して、大院君をかつぎます。清国派だった大院君が今度は日本側につくわけです。朝鮮王朝の人たちに信念などありません。そのときに都合のいいほうにつくし、いつでも寝返るのです。権力闘争に勝つことだけが目的化していて、相手を倒してくれるのなら、どちらでもいいのです。

日本人と同じように相手が信義を重んじると思ってしまうから日本人は間違えるのです。このときも、親日的な内閣を組織したと日本が考えたのが間違いのもとです。

それまでの大院君の行動をここまで順番に見てきただけでも、日本の言うことを聞くと思うほうが不思議です。大院君は清朝に拉致されたのだから、日本のほうがいいと大院君も思うはずだと、日本人は考える。そこは日本の甘さです。

先述のように、日本は、宣戦布告後すぐ平壌の戦いで、清の北洋陸軍を壊滅させます。この北洋軍は李鴻章が二〇年来育成させた精鋭でしたが、日本軍の敵ではありませんでした。そして、ドイツに建造させた近代的な戦艦だった定遠《ていえん》、鎮遠《ちんえん》を含む北洋艦隊も、黄海海戦と続く威海衛海戦で全滅します。新興の弱小国と見られていた日本軍に完敗したことで、「清は眠れる獅子ではなかった」となって、以後、清国は世界の列強に切り刻まれるようになるのです。

『真実の中国史』（ビジネス社、のちＰＨＰ文庫）でも書きましたが、中国人はアヘン戦争から屈辱の近代が始まったと主張していますが、これは真っ赤なウソです。この歴史観は、毛沢東が自分たちの歴史から日本の影響を抹殺するために、支那事変の最中に延安で考えた歴史です。本当は日清戦争に負けたあと、中国の屈辱の近代がはじまります。清朝が変わったのは、日本に負けた衝撃からです。

アヘン戦争では何も変わっていません。イギリスが、禁制品のアヘンを売り込んで、自分たちの言い分通りの貿易がしたいと言って乱暴なことをしたとしか思っていない。シナでは、昔から中央アジアの遊牧民に何度も攻められているので、イギリスも軍事力に頼る野蛮な遊牧民並みだと思っていたのです。アヘン戦争後も「英夷（イギリスの野蛮人）」と呼んで、理藩院《りはんいん》

「大逆不道玉均」として河原に晒された金玉均。

がイギリスとフランスを管轄することになります。理藩院というのはモンゴルやチベット、新疆を管轄する役所ですから、イギリスを藩部並みにしか見ていなかったということです。

しかし、日清戦争で日本に敗れたことは、清にとっては本当にショックでした。自分たちの文明のおこぼれをもらっている「東夷（東の野蛮人）」と考えていた日本が、明治維新以来、欧米の近代化を学んで、たった三〇年で清の最強の軍隊に勝ったわけです。近代国家の強さを知った清の国内では、それまでの洋務運動に批判が生まれます。

洋務運動とは、第二次アヘン戦争に敗れた一八六〇年以後、清の将軍たちが兵工廠《へいこうしょう》や造船所などを設立して、自分の軍隊を強くしようとしたことを指しますが、日清戦争で日本に負けたあとは、技術面だけでなく制度面でも西洋式に改革しなければという変法論が台頭するのです。

このあと、日本に学ぼうと清国は多数の留学生を日本に送り込みます。日清戦争の敗戦が清国に与えた衝撃の強さを物語る出来事です。

三国干渉で遼東半島を返還した日本を見て、ロシアに走った朝鮮

日本は清国との戦争に勝利して、朝鮮を独立させ、台湾割譲などを勝ち取りましたが、そこに列強が干渉してきます。満洲南下を計画していたロシアは、フランスとドイツを誘って、条約批准書交換の予定地であった芝罘《チーフー》に軍艦を集結して武力示威《じい》を行ないます。露・仏・独による三国干渉です。

この三国干渉で、日本は遼東半島を清に返還せざるをえなくなります。その報酬として一八九八年にロシアは旅順・大連、ドイツは膠州湾《こうしゅう》、イギリスも威海衛・九龍《きゅうりゅう》半島を清から租借し、翌一八九九年、フランスが広州湾を租借することになります。

李鴻章は、日清戦争の講和にロシアが干渉してくるという感触を得ていたようです。だから遼東半島を日本に渡す条件ものんだのです。密約とまでは言いませんが、ロシアとすでに話が

ついていたわけです。

その証拠に、ロシアは日清戦争の賠償金をフランスの銀行から借りる口利きの代償として、満洲里《まんしゅうり》から沿海州にいたる一五〇〇キロの東清鉄道敷設権を獲得しますが、李鴻章はその見返りとして三〇〇万ルーブルの賄賂《わいろ》をとっているのです。

李鴻章にしてみれば、講和条約の交渉にあたって下関に呼びつけられたのは本当に屈辱だったのです。しかも、李鴻章は刺客に狙われていました。そのため、裏通りを通って春帆楼へ行かざるをえませんでした。さらに、会談の場所である春帆楼から見下ろせる下関海峡に日本は軍艦を並べていたそうです。日本から脅されての講和条約交渉ですから、李鴻章にとっては屈辱以外の何物でもありません。

東夷の小国だと思っていた日本に見事に完敗した。しかも多額の賠償金を含め領土の割譲などの条件をのまされた。だから李鴻章はロシアと組んだのです。それが日露戦争につながるのは、あたりまえです。

閔妃暗殺の首謀者はじつは大院君だった!?

三国干渉で日本が譲歩して遼東半島を清に返還させられたのを見た閔妃は、今度は日本を見捨ててロシア側につきます。

閔妃とその一族の仕打ちを見た日本は態度を硬化させます。日本が日清戦争を戦ったのは、ロシアの南下を防ぐためであったにもかかわらず、朝鮮の支配階級が日本を裏切ってロシアを呼び込んだからです。しかし、このときの日本の対応も褒められたものではありません。

一八九五年一〇月、赴任したばかりの三浦梧楼《ごろう》公使が手下を連れて王宮に乱入して閔妃を殺害しました。ところが、教科書などに載っていて有名な閔妃の写真が偽物だったことがつい最近明らかになりました。これは日本にとってたいへん重要な事実です。

なぜなら、三浦梧楼の配下の者は、この閔妃の写真を手にして王宮に侵入し、写真と見比べながら首実検をして閔妃を見つけて殺したということになっているからです。日本人の写真家が、将来このようなことがあるのを見こして王宮の奥で閔妃を撮った写真だとされてきたのです。ところが、背景が映り込んだ同じ人物の同じ写真が見つかり、妓生《キーセン》や楽隊など下層階級を撮る写真館で撮られたものだったということが、絨毯《じゅうたん》や置物の比較からわかったのです。

そもそも王宮には三〇〇人からの女官がいて、服を交換して誰かが身代わりになれば絶対にわかりません。それにもかかわらず、閔妃一人だけを殺して、ほかの女官たちは一人も殺されていない。つまり、実行犯は閔妃の顔を知っている人物だったということです。そうなれば犯人は大院君に決まっています。

結局、閔妃殺害は、大院君と閔妃の権力闘争に日本が乗せられたということです。黒幕は大院君だと私は思います。しかし、日本はそれを知りながら閔妃殺害の謀略に参加した面もあった。当時の日本政府の限界でもあったと思うのです。

閔妃は最初から下層階級である武人出身の日本人を嫌っていた

閔妃はじつは最初から日本人を嫌っていました。明治維新をなしとげた明治の日本政府の要人は下級武士出身がほとんどだったからです。それでなくとも、朝鮮は小中華であるのに、日本は文明の中心から遠く離れた野蛮人の国です。そのなかでも下級の武士階級という、いやしい出自の日本人を閔妃が嫌ったのは彼女にしてみれば当然のことです。

両班は文臣と武臣のことでしたが、実際には儒教の考えでは、武人は人殺しですから、中人よりも下なのです。労働するだけでも悪いのに、戦う人間は最低の人間だとされていた。いまの韓流時代劇では立派な将軍たちの存在が脚光を浴びていて、英雄たちのドラマがあったことにされていますが、朝鮮では武人はさげすまれていたので、そんな英雄譚《たん》は絶対になかったはずです。

朝鮮の王宮では、日本から公使や領事としてやってきたのは出自のいやしい下級の人間ばかりだと、ばかにしていました。それなのに、日本人は自分たちは近代国家になったのに朝鮮は停滞から抜け出せないと考えて、あれこれ指図する。閔妃にしたら、耐えられない恥辱です。なぜわれわれがこんな屈辱的な目にあわなければいけないのかと、最初から思っていたわけです。

一方、ロシアは朝鮮に貴族を送り込んできていました。領事や公使として来ていたのは貴族階級の人たちです。だから、閔妃は貴族のロシア公使夫人とは仲よくなります。自分たちと同じ階級だと思っているからです。しかもロシアは大国です。

朝鮮にやってきた日本人は下級階層だったから閔妃は日本人を嫌ったのに、日本と組むこともあったのは、政治的に大院君を抑えたかったというだけの話です。

ロシア公使館に逃げ込んだ朝鮮王が韓国皇帝を名乗る

日本は日清戦争開戦直後の一八九四年八月に、ソウルから釜山にいたる京釜《けいふ》線、ソウルから仁川にいたる京仁《けいじん》線の鉄道敷設の優先権を与えられていたのですが、これは予備的な約束で、本契約が必要でした。ところが、閔妃が殺害されたあと、夫の高宗も日本嫌いだったこともあって、ロシア側につきます。

一八九六年、ロシアは朝鮮王高宗をロシア公使館に移します。これを「露館播遷《ろかんはせん》」と言います。そして、親日的改革派を殺害させた。ロシア公使館から統治をするということは、ロシアの属国になったも同然です。

同年、日本が仮契約した京仁線の敷設権が反古《ほご》にされ、朝鮮鉄道も当初の標準軌から広軌へと変更されます。日露の朝鮮半島に対する影響力が一気に逆転したのです。

大韓帝国皇帝となった高宗。

そして一八九七年、ロシア公使館から王宮に戻った朝鮮王高宗が、国号を韓と改め皇帝を名乗りました。李氏朝鮮が大韓帝国になった期間は日韓併合までの一三年間です。

わずか一三年しか続かなかった大韓帝国ですが、朝鮮が清から独立できたのは日本のおかげです。日本人が朝鮮に注いだお金と人命によって大韓帝国が成立したと言ってもいいのです。シナ世界の華夷秩序では、王は皇帝の家来の称号で、日本が日露戦争に勝ったおかげで史上はじめて朝鮮王が韓国皇帝になったわけです。それが悔しくて、韓国人はいまでも日本天皇を「日王」とか「倭王」と呼びます。これがいかに失礼なことか、日本の外務省は抗議するべきだし、日本人はもっと怒ってしかるべきだと私は思います。

朝鮮鉄道のレール幅は安全保障問題に直結していた

朝鮮鉄道のレール幅が標準軌から広軌に変更されたのは非常に重大なことでした。なぜならロシア軍がシベリア鉄道を通ってそのまま釜山まで来られるということを意味するからです。

一九世紀末は鉄道の時代でした。世界中で競って鉄道建設が行なわれ、汽車による物流が盛んになりました。いまで言えば自動車、トラックと同じ役割を鉄道が担っていたのです。もちろん、軍事的にも鉄道は重要でした。大量の兵員と武器を一気に運ぶことができたからです。ですから鉄道の規格をどうするかが重要な意味を持っていたのです。

いまでもシベリア鉄道から分かれてモンゴル国を通って中国に向かう国際鉄道は、モンゴルと中国の国境のウランホト（二連浩特）というところで鉄道の軌道幅が変わります。お互いの

ロシアの東清鉄道から朝鮮半島に至る鉄道路線

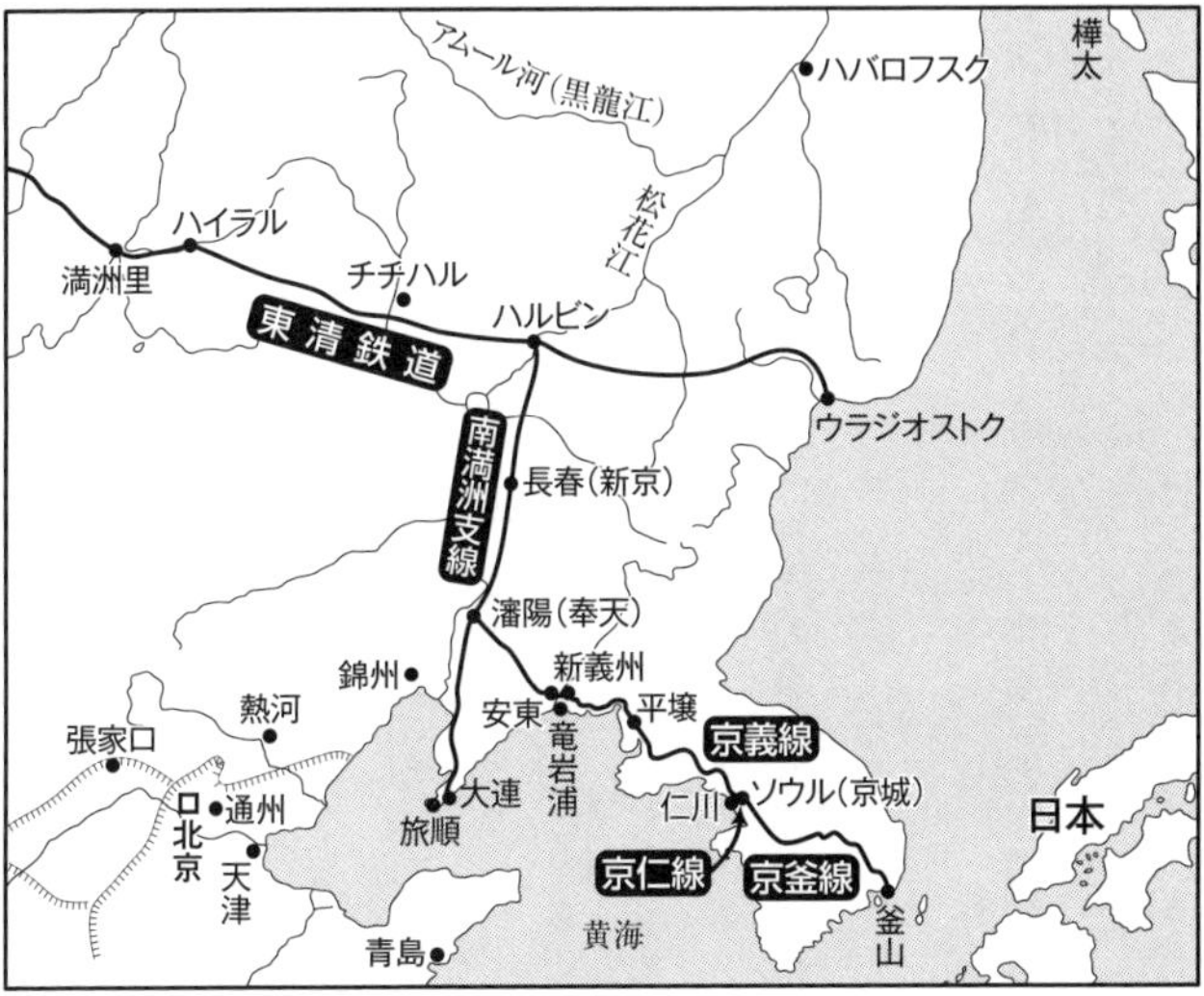

軍隊がそのまま乗り込んでこないようにという安全保障のためです。

　ロシアの鉄道は、一八五一年にサンクトペテルブルクとモスクワ間で開通したのが始まりで、ロシアの鉄道は広軌（一五二四ミリ）を採用していました。日本は狭軌（一〇六七ミリ）を採用しましたが、朝鮮半島とシナ大陸へ出て行ったときには標準軌（一四三五ミリ）を採用しました。満鉄も標準軌です。

　ロシアは一八九一年にシベリア鉄道の工事を始め、日清戦争当時、路線はすでにバイカル湖畔にまで達していました。当初の計画では、路線はそこからアムール河の北を大きく迂回してハバロフスクを経由してウラジオストクに至ることになっていました。ところが日清戦争で清国が日本に敗北したため、清を見くびったロシアでは、清国領を通って一直線にウラジオストクへ至ることを考えたのです。

そして日本が優先権を持っていた朝鮮半島にも介入して、ソウルから釜山と仁川へ行く京釜線、京仁線の規格をロシアと同じ広軌に変えさせようとしました。

日本は朝鮮には標準軌を採用する予定でしたが、朝鮮政府はロシアの広軌に変更して、国際入札をします。フランスなどが入札に参加しましたが、朝鮮には資金がなかったので、採算割れを恐れてみんな逃げてしまいました。

結局、最終的には朝鮮の鉄道の敷設権は日本が得て、渋沢栄一《しぶさわえいいち》らが資金を提供することで、京仁鉄道合資会社を設立し、一八九九年に仁川と永登浦《えいとほ》間が開通し、一九〇〇年に京仁線が完成します。

その後、一九〇四年には日本の参謀本部が京義《けいぎ》線（京城―新義州）の建設をはじめて、一九〇五年一二月に完成させています。京釜線は、日露戦争の最中の一九〇五年一月に完成しました。

日本は、じつは日本国内でも本当は標準軌で敷きたかったのです。ところが、イギリスが、日本は島国で土地が狭いのだから狭軌にしろと言ってきます。イギリスは狭軌なので自国の列車を売りたかったために日本の鉄道を狭軌にさせたのです。

諸外国からの要請には善意などひとつもありません。自国の利益しか考えていないのが普通なのです。身を粉《こ》にして他人の国のために働いてくれる国などありません。善意で働いたのは日本だけです。

第5章

日露戦争の原因をつくったのも朝鮮だった

義和団の乱の鎮圧にあたって功績を列強から認められた日本

このように、朝鮮史はロシアや清国の事情ぬきには語れません。このあと話はさらに満洲から清国全域に広がります。時代を少し戻しますが、清の一般民衆の間では、一八五八年の天津条約でキリスト教の内地布教が許されたあと、各地でキリスト教に対する反感が生まれていました。キリスト教徒になった清国人が、外国の教会を後ろ盾に、その他ふつうの清国人と紛争を起こす「教案」が各地で発生したからです。ことに日清戦争後ドイツの強引な進出が目立った山東省では民衆の排外感情が強く、一八九九年秘密結社の義和団《ぎわだん》が「扶清滅洋《ふしんめつよう》」を唱えて蜂《ほう》起《き》しました。これは、西洋人を清から追放し、西洋の宗教や文明を拒否し、近代的施設を破壊しようとする暴動でした。

一九〇〇年、義和団は山東から直隷《ちょくれい》に入り、天津から北京へと進みます。一帯の外国人はもとより、清国人のキリスト教徒や外国商品を売る店を襲い、京津《けいしん》間の鉄道、電線を破壊し、六月に二〇万の団員が北京に入りました。清国の保守派の皇族や高官はこれを「義兵」として歓迎し、清軍が義和団と行動をともにするようになります。だから、北清事変《ほくしんじへん》となるのです。日本公使館書記生とドイツ公使を殺害したのは清軍兵士です。

義和団の乱の鎮圧には、日・英・米・仏・独・露・伊・墺（オーストリア）の八カ国連合軍が天津から北京に進軍しましたが、二万人ちかい連合軍のうち日本が最多の九七五〇人の兵を出しました。各国は自国民保護のために出兵したのですが、ヨーロッパから派遣するには時間が足りないので、近い日本に出てくれと、イギリスなどが依頼してきたのです。

連合軍が北京を占領した翌日、政治の中枢にいた西太后《せいたいこう》は光緒帝《こうしょてい》を連れて北京を脱出し、陝《せん》西省《せい》の西安《せいあん》に逃げました。

このときもまた李鴻章が講和交渉をまかされます。講和会議は列強相互の対立もあって長引き、一九〇一年九月、一一カ国の代表と清国の間で締結されました。これが北京議定書で、四億五〇〇〇万両という膨大な賠償金が清国に科せられ、列国は北京公使館区域の安全確保のための軍隊の駐留権を得たのです。

ロシアは義和団の乱を利用して満洲を軍事占領する

義和団の乱で一番得をしたのはロシアです。列国が自国民保護のために連合軍を北京に送っている間に、ロシアは満洲を軍事占領してしまいます。

先に言ったように、一八九六年、ロシアは日清戦争の賠償金をフランスの銀行から借りる口利きの代償として、満洲里から沿海州にいたる一五〇〇キロの東清鉄道敷設権を獲得しました。

ロシアの東清鉄道敷設は、一八九七年夏にハルビンを基点としてはじまりましたが、満洲に移住した清国人は山東半島出身者が多く、その郷里で起こった義和団の報が一八九九年秋に満洲に伝わると、もともとあった工事妨害の小競り合いが外国人排斥の大暴動に転化しました。このときロシアの陸軍大臣クロパトキンは、「願ってもない好機だ、これで満洲を抑える口実ができた」と蔵相ウイッテに語ったと言います。

こうして、東清鉄道の保護をうたった一七万七〇〇〇人のロシア軍は、六方面から一斉に満洲に侵攻しました。そのはじまりとなった「アムール河の流血事件」で、ロシア軍は、ロシア領ブラゴヴェシチェンスクに移り住んで働いていた清国人三〇〇〇人を虐殺してアムール河に投げ込みました。ロシア軍はこれからチチハル、長春《ちょうしゅん》、吉林《きつりん》、遼陽《りょうよう》、瀋陽《しんよう》と占領し、各地で殺戮《さつりく》を繰り広げます。

ロシア軍は、それまで敷設された東清鉄道線路一二〇〇キロのうち、三分の二が破壊されたと言っていますが、ロシア軍がどれだけの数の清国人を殺害したかは、明らかではありません。

ロシアの脅威に対抗して日英同盟が結ばれる

ロシアの南下に脅威を覚えた英国は、義和団の乱の鎮圧に際して、日本人がきわめて勇敢で規律正しかったことと、極東における日本の海軍力も頼りになると考え、日本を同盟の相手に選びました。それまで世界中の海を支配し、名誉ある孤立を守っていた大英帝国が、歴史上、はじめて他国と対等な軍事同盟を結んだのです。

日英同盟で圧力をかけたので、ロシアは清と満洲還付《かんぷ》条約を結びます。しかし、満洲から兵を引き揚げると約束しておきながら、実行しません。とはいえ、イギリスをはじめ国際社会の批判もあったので、ロシアは、いま延辺《えんぺん》朝鮮族自治州になっている間島《かんとう》州は、満洲ではなくて朝鮮だと言い出します。

ロシアは、清の李鴻章に賄賂を贈って東清鉄道敷設権を獲得した二年後の一八九八年には、東清鉄道の中間のハルビンから旅順、大連に至る南満洲支線の敷設権と関東州の租借権も獲得します。これには南満洲支線から朝鮮の国境を結ぶ支線の敷設権もひそませていたのです。

すでに一八九九年五月にロシアは朝鮮の馬山浦《ばざんほ》に軍艦三隻を入港させ、翌年三月には馬山浦付近の土地譲与その他の秘密協定がロシアと韓国の間で成立し、ロシアは石炭庫を建設していました。さらに一九〇三年五月には、ロシアは朝鮮の竜岩浦《りゅうがんほ》を租借し、鴨緑江を越えて森林伐採事業を行なうようになります。これはもしも将来、満洲から追い出されても、朝鮮半島に自分たちの根拠地を持つために打った布石です。

清と結んだ満洲還付条約は、三期に分けて満洲から兵を引き揚げる約束でした。ロシアは一九〇二年一〇月、第一期だけ撤兵して、一九〇三年四月には、撤兵を実行しないばかりか、「ロシア軍撤退後は満洲を他国に割譲しない」「ロシアの同意がないかぎり他国の領事館を開設しない」「占領中にロシアが得た権利は保留する」などの七カ条の要求を清国に突きつけました。

ロシアは清国から東清鉄道敷設権を与えられ、ハルビンから旅順、大連までの鉄道もロシアが敷いています。これによってモスクワ、サンクトペテルブルクからウラジオストクに武器・兵員を大量に送り込むことが可能となっていました。

一方、李朝の高宗はロシアの広軌で鉄道を敷こうとしている。そうなればロシアから釜山まで一気に軍隊を移動できることになる。日本はなんのために日清戦争をしたのかがわからなくなってしまいます。

すでに日本には残された時間がありません。一九〇五年に日露戦争開戦となりますが、もしこれが一年後だったら、日本は敗けていたかもしれません。それほど事態は切迫していたのです。

日露戦争のときもなお、韓国皇帝はロシア側につこうとした

日露間における緊張関係が高まっていたにもかかわらず、開戦直前に韓国皇帝は中立声明を発しようとしました。日本は朝鮮の独立を守るために日清戦争を戦い、ロシアとも対峙しているのに、どちらの側にも立たないというのは日本に対する背信です。この高宗の無責任で国際情勢を理解しない態度に日本人は腹を立てました。

そこで、一九〇四年二月に日韓議定書を調印します。その内容は、一、韓国政府は日本政府の施政改善の忠告を受け入れる、二、日本は韓国皇室の安全康寧を保障する、というものです。韓国皇室は守るから、日本の言うことを聞けということです。

そして二月八日に日本は日露戦争に突入します。同年八月には日本は韓国と第一次日韓協約を調印します。一、日本政府の推薦する日本人一人を財務顧問に、外国人一人を外交顧問にする、二、韓国の外交は日本が担当し、施政を観察する日本人駐劄《ちゅうさつ》官を設置する、という内容です。当時の朝鮮には国家財政という考え方すらありませんでした。そのために日本人の財務顧問を派遣し、外交も日本に任せろということです。

日本は日清戦争のときから必死になって、独立、自衛のために戦いました。日清戦争では簡単に勝ったようにいままでは思われていますが、日清戦争のほうが日露戦争よりも日本にとって

は恐怖だったのです。近代国家を建設して間もない時期に、はじめて外国と戦争するのですから当然です。しかも清は大国です。欧米列強ですら手を出しかねていたほどだったのです。それを列強は日本に戦わせて、日本が勝ったら日本が得た条約の最恵国待遇をすべて自分たちも獲得したわけです。この時代の列強の帝国主義は本当に生き馬の目を抜く世界でした。植民地にならないためには、死ぬ気で戦わなければ、独立は守れなかったのです。インドも東南アジアも、どんな目にあっているか日本はすべて見て知っていたから、本当に必死でした。

日露戦争に敗けたら日本はロシア領になっていた

日露戦争に際して日本は、ヨーロッパ側からどれくらいロシア兵が来るかを計算しています。シベリア鉄道は最終的に日露戦争中に完成しますが、ウラジオストクまでは単線です。そのため貨車はいったん戻さなければいけない。それを前提にどれくらいの兵員輸送が可能なのかを計算していました。

日露開戦時の日本側の陸軍は、歩兵一三個師団、騎兵二個旅団、砲兵二個旅団、および一個鉄道大隊でしたが、歩兵の総数は、ロシア陸軍総兵力の約九パーセントでした。しかも満洲に展開できる部隊は、歩兵一五六個大隊、騎兵五四個中隊、砲兵一〇六個中隊（六三六門）、工兵三八個中隊と、一個鉄道大隊です。海軍は、三笠《みかさ》をはじめとする戦艦六隻、装甲巡洋艦六隻など、大小一五二隻でした。

一方のロシアは、陸上兵力はプリアムール軍管区と関東要塞区に六八個歩兵大隊、騎兵三五中隊、砲兵一七個中隊（一四八門）、工兵一三個中隊と要塞守備隊が配備され、正規軍九万八〇〇〇人、警備隊員二万四〇〇〇人でしたが、それはロシアの戦時総兵力の四パーセントにすぎません。ヨーロッパ方面には歩兵一六八万人、騎兵一八万二〇〇〇人、工兵五万七〇〇〇人など、正規兵二〇七万人、予備兵あわせて四〇〇万人以上いたのです。

ロシアは日本の予想に反して、ヨーロッパ・ロシアから貨車、客車をかきあつめて兵隊と武器を載せて、ウラジオストクまで送り込んでくると、線路から貨車や客車をはずして脇に置きました。空の貨車を戻すと、途中でぶつかるからです。このように、ヨーロッパ・ロシアの鉄道運営を犠牲にして、ありったけの軍備を日露戦争に投入してきたのです。

そのため日本が想定していた量の倍ぐらいが送られてきました。一二九万四五六六人（歩兵六八七個大隊、騎兵二二二個中隊、砲兵二九〇個中隊）が極東に派遣展開されたのです。だから、日本は本当に苦戦します。もう少しで敗けていたかもしれません。日露戦争に敗けていたらいまごろ日本はロシア領だったでしょう。だから、多大の犠牲を出してもあくまで戦い抜いたのです。

日露戦争後、列強は日本の韓国支配を認める

日本はもちろん自国の防衛のために日露戦争を戦ったわけですが、日本が矢面に立たざるをえなかったのは、韓国と清国が独立国として責任ある行動をとらなかったからです。韓国皇帝はロシアに走り、清国も鉄道敷設権をロシアに売り渡して、自国領の満洲でロシアと日本が戦争をしているのに、中立宣言をして知らん顔をする。列強が自国の権益を狙って触手を伸ばしてきているのに、自分で自国を守るのではなく、自分たちの代わりに日本に戦わせればいいという無責任な態度に終始したのです。だから、日本人は朝鮮人とシナ人をばかにするようになったのです。

日本は日露戦争に勝ったことで、国際的な地位があがって列強の仲間入りをすることになります。日露戦争の講和を仲介したアメリカは、一九〇五年七月に自国のフィリピン支配を日本に認めてもらう代わりに、日本の韓国支配を認めます。これが桂＝タフト協定です。

同年八月にイギリスは日英同盟の適用範囲にインドを加えることを条件に、日本の韓国支配を認めます。これが第二次日英同盟になります。

日本は列強から韓国支配を公認してもらったうえで、同年一一月に第二次日韓協約を結びました。これは別名、韓国保護条約とも呼ばれ、一、日本の統監が韓国に駐留し、二、韓国と列

後列中央の韓国服姿が1905年初代韓国統監となる伊藤博文。

国の外交は東京で行なわれ、韓国の在外外交機関はすべて廃止されます。

まもなく初代統監の伊藤博文が京城に赴任します。ところが、一九〇七年六月に高宗がハーグの万国平和会議に密使を送って、大事な会議をしている最中の世界中の国々を相手に日本を非難します。まるでいまの韓国大統領の告げ口外交とそっくりです。これに怒った伊藤博文は、条約を破った約束違反を問い詰めて、高宗を譲位させました。

七月には第三次日韓協約が結ばれます。韓国政府はこれからあとは、法令制定、重要行政処分、高等官吏任免に際しては、日本人統監の承認を必要とし、日韓両国人による裁判所新設、監獄新設が行なわれて、日本人多数が韓国官吏に任命されます。

同年八月には韓国の軍隊が解散されたことで、各地で抗日反乱が起こります。しかし、これは日本人が乗り込んでいったから起こった反乱ではありません。それまでも韓国の軍隊内部でお互いに対立していたのです。軍隊の解体で罷免された軍人が反乱をあおって、両班がその後ろにつくという構図です。

伊藤博文が暗殺されて、日韓併合にいたる

一九〇九年六月、伊藤博文は統監を辞任しますが、そのあと一〇月に訪れたハルビン駅で安《あん》重根《じゅうこん》に暗殺されます。

安重根は自分が実行犯であると認めていますが、最近になって背後の建物の二階から狙撃された傷で亡くなったという説が有力になっています。この当時、すでに社会主義が蔓延《まんえん》していたので、暗殺犯が別にいたとしても不思議ではありません。

伊藤博文が暗殺されたために、寺内正毅《てらうちまさたけ》が韓国統監となり、軍事・警察の実権を握ることになりました。そして、一九一〇年八月に、日本は韓国を併合することになります。

韓国の両班階級や皇帝一家は、国を改革していく意志もなければ能力もなかったのです。そこで日本が乗り込んでいかざるをえなくなった。韓国からすればよけいなお世話だったという

ことでしょう。しかし、もし日本が併合しなければ、北朝鮮だけでなく韓国もいまごろはロシア領になっていたはずです。

いまごろになって韓国人は、なぜアメリカが来てくれなかったのかと言っているようです。日本ではなくて、最初からアメリカの植民地になっていたらよかったのにというのです。しかし、それは第二次世界大戦後アメリカが世界最強の国になったからです。これも韓国人独特の事大主義の発想です。当時のアメリカには朝鮮半島に関与するだけの力はありませんし、興味もまったくなかったのです。

第6章

満洲事変の背景にも朝鮮人の存在があった

日韓併合条約はきちんとした手続きを踏んで締結された

一九一〇年八月二九日、韓国皇帝は詔勅を出して首相に全権を委任してから「日韓併合に関する条約」を締結して日韓併合となります。ところが、韓国はいまになって、これは日本から強要されて結ばせられた条約なので有効ではないと主張しています。

日韓併合条約はきちんとした手続きを踏んで締結されていて、書類もすべて残されています。一九〇七年に高宗を継いだ純宗が条約交渉を腹心の部下に丸投げしたという事情はあったとしても、国家間で条約を結んだ以上、締結国には条約を遵守する義務があります。いまごろになって銃で脅されたなどと言っても通りません。

日本も江戸末期に西欧列強と不平等条約を結ばされました。アメリカと治外法権と関税自主権のない日米修好通商条約を結んだら、アメリカと同じ最恵国待遇を受けるというあちら側の勝手な取り決めによって、不平等条約をすべての列強と締結させられました。それを全部解消したのは第一次世界大戦の後です。江戸幕府の結んだ条約でしたが、明治政府はそれをすべて遵守した上で、日本は五〇年以上の長い年月をかけて不平等条約を自力で解消させたのです。

日本人は本当に条約をよく守る国民です。法律に関しては非常に真面目なのです。このことはもっと世界に言わなければいけません。

韓国と中国は「前政権の決めたことは知らない」と、平気で破棄しようとします。そのこと自体が国家としての独立と連続性を否定していることにほかなりません。

満洲事変も、張学良《ちょうがくりょう》が「日本が袁世凱《えんせいがい》と結んだ二十一カ条はすべて無効だ。満洲は中国なのだから、他人の国を侵略した日本人は、財産をすべて置いて出ていけ」と言ったから起こったのです。これはもうまっとうな国家関係ではありません。

日本が満洲に投資するようになったのは、日露戦争に日本が勝利して、日露講和条約でロシアから譲り受けた南満洲鉄道と関東州の租借権を、清朝が認めたからです。清朝が日本と結んだ条約を破棄するのだったら、中華民国は清朝を継承していないと、われわれは言わなければいけないのです。

一九世紀末は帝国主義が全盛の時代でした。いち早く近代化をとげた西欧諸国は資源や市場を求めてアジアに触手を伸ばしていたのです。弱肉強食が基本の世界で、弱小国は強国に食い荒らされるしかありません。韓国が日本に併合させられたのは、時代に対応した国家体制をとることができず、そのままでは日本まで巻き添えをくってしまう恐れがあったからです。自国が弱かったから併合されざるをえなかったのであって、併合した相手国を非難しても、それは弱者の遠吠えにすぎません。現在の価値観で過去の歴史を裁いてはなりません。

日韓併合前から日本は朝鮮半島に資金援助をしていた

日露戦争直前の一九〇四年、前述のように日韓議定書が調印されます。このなかに「韓国政府は日本政府の施政改善の忠告を受け入れる」とあって、韓国政府の外交に日本が介入できるとしています。じつはこのとき、日本は命令しているだけでなく、お金を出しています。まだ日韓併合前の一九〇四年から日本は朝鮮の歳入不足分を補塡《ほてん》しはじめて、資金立て替えを実施したほか、直接支出で援助しているのです。

一九〇七年度の朝鮮の国家歳入が七四八万円ですが、必要な歳出は三〇〇〇万円だった。たいへんな財政大赤字です。この不足分をすべて日本が負担しているのです。ところが同じ一九〇七年に、高宗はハーグに密使を送って日本が悪いと訴えている。だから伊藤博文はじめ日本人も怒ったのです。

一九〇八年は、まだ伊藤博文が統監だったときです。韓国の軍隊を解散したために各地で抗日反乱が起きました。このとき日本は、韓国の警察活動をおさえこんで残虐に反乱軍を殺害したと韓国は批判しますが、治安を乱したのは韓国なのです。火を点《つ》けて家屋を焼いたり、民間人を殺したのは韓国側が先だったのです。この一九〇八年に、日本は三一〇〇万円を韓国のために支出しました。

併合前の四年間は統監府時代ですが、日本政府が立て替えた朝鮮の歳入不足分が一四二八万円。司法と警察分野への日本政府の支出金額は九〇〇〇万円です。あわせて当時のお金で一億円を超える額を朝鮮半島に支出しているのです。

当時の一億円はどれくらいのお金に相当するのか、一九〇五年に日露戦争が終わり、一九〇六年に設立された南満洲鉄道株式会社（満鉄）と比較してみます。当初、満鉄は二億円でスタートしたと言われています。満鉄は半官半民で設立されますが、一億円は現物、つまりロシアが日本に供与した炭鉱や鉄道などのインフラを一億円とみなしました。残りの一億円は株式市場で調達しています。満鉄株は大人気となり、日本人がこぞって株を購入しました。のちに後藤新平が、主にロンドンで社債を公募して二億円を調達しています。合計四億円で満鉄が会社として出発しましたが、この金額は当時の日本の国家予算一年分に相当します。こうして換算して考えれば、日韓併合の前に投入した一億円はとてつもない金額だったことがわかります。

しかも日本は当時、日露戦争で巨額の戦費を負担して国家財政は大赤字になっていたときです。日本はロシアと戦うための資金を、アメリカとイギリスで国債を発行して賄っていたのです。このときに発行した日本外債は約一三億円にものぼり、日本がすべて完済するのは昭和も末期の一九八六年でした。

三・一運動は、ウィルソン大統領の「民族自決」からはじまった

日韓併合後の一九一九年に三・一運動という大規模な反日暴動が朝鮮で起きます。

三・一運動は、第一次世界大戦の講和条約交渉が行なわれたベルサイユ会議で、アメリカのウッドロー・ウィルソン大統領が「民族自決」という原則を提唱したことから始まります。ウィルソンが「民族自決」を言いだしたのは、じつはヨーロッパに隣接したロシアやトルコなど、多民族を抱える帝国を弱体化させるためでした。ところがこのウィルソンの「民族自決」に大きく反応したのはアジアだったのです。これは世界中で同時に起きた第一次ナショナリズムですが、最初に朝鮮で起きたのが三・一運動でした。

二カ月後に中国でも五・四運動が起こります。一九一二年に清から中華民国になっても、まだ国民の間には何のまとまりもありませんでした。五・四運動の目玉は、一九一五年に袁世凱が日本と結んだ二十一カ条要求に対する抗議ですが、一九一九年までの四年間は、何もなかったのです。この五・四運動が、中国のナショナリズムのはじまりと言われています。三月にモスクワで世界同時革命を目指すコミンテルンができて、五月四日に北京大学の学生が反政府運動・反日運動を開始したわけです。これはコミンテルンの工作がいかにうまくいったかという証拠です。

中国の五・四運動は、ソ連共産党が支援したと私は考えていたのですが、当時はまだソ連邦も成立しておらず、シベリアでは反共産主義者との間に内戦があって、とても国外に目を向ける余裕はなかった。ソ連邦が成立したのは一九二二年なのです。資金はアメリカの労働組合が出したのだと最近知りました。

朝鮮半島における三・一運動にしても、結局はコミンテルンおよび共産主義に影響されたもので、民衆が自発的に植民地支配に対して立ち上がったというものではなかったというのが真相です。

このことを日本の朝鮮総督府はひじょうによく理解していました。一九一九年までに総督府には九年間の統治の実績があったからです。総督府は自分たちの朝鮮統治をどうするか、本気に悩んでいます。

この三・一運動でも大きな役割をした宗教の宗派があります。それはオウム真理教のような動きをしていましたが、総督府はこれを弾圧していないのです。もし弾圧したら地下に潜られてかえって面倒になる。だから、そのまま続けさせて監視するほうがいいと判断している。そういう統治の記録がすべて残っているのです。

三・一運動の裁判で死刑になった者はひとりもいない

三・一運動は、天道教やキリスト教、仏教などの宗教指導者が「独立宣言書」を読み上げる集会を開催したことから始まります。最初は平和的なものでしたが、デモの参加者が急増していくなかで暴徒化し、警察署や役場などに押しかけて略奪、殺人などの暴動にまで発展していきます。混乱が朝鮮半島全体にまで広がったことで、朝鮮総督府は警察だけでなく軍隊も派遣して鎮圧に努めます。

その過程で悲劇的な事件も起こったことは確かです。運動に参加して逮捕され懲役刑に服していた一七歳の柳寛順が獄中で死亡し、「韓国のジャンヌ・ダルク」と言われたりしました。しかし、総督府の対応は、平和的なデモは監視にとどめ、暴徒化した騒乱にだけ武力を行使するという穏当なものでした。

いま韓国の教科書には、この三・一運動を日本は残虐な手段で弾圧し、多くの朝鮮人を虐殺したと書かれていますが、すべてウソです。この運動は日本統治時代なので、しっかりとした統計が残っています。

実際には送検された被疑者は一万二六六八人。うち八四一七人が起訴されて、一審で三九六七人は有罪判決を受けました。しかし、日本人憲兵六名、警官二名が虐殺され、多くの建物が放火されたにもかかわらず、死刑も無期懲役も一五年以上の実刑もなく、三年以上の懲役が八〇人で、のち刑期は半分以下になった。これが三・一運動の結末です。

日本人は中国人や韓国人から「法匪《ほうひ》」と言われます。法律をあまりにも厳格に遵守《じゅんしゅ》するからです。大陸や半島では、偉い人は袖の下で動いたり、加減したりするのに、日本人はいっさい賄賂を受けつけない。日本人は本当に天皇陛下以下、すべての国民がちゃんと法律を守るのです。だから三・一運動の判決も法律に従って粛々と裁かれて、死刑などにはしていないのです。

これほど公正な裁判を実施した日本に対して、彼らの言うことは、まったく証拠も統計数字もないにもかかわらず、ただひたすら「世界で一番残虐な植民地支配」と教科書は最初から最後まで主張する。何と比べて世界で一番残虐なのか、何も比較しない。自分勝手な思い込みだけで、整合性や客観性はまったくないのです。

清朝時代から満洲に朝鮮人が越境して移り住んでいた

朝鮮は、日本が日清戦争、日露戦争を戦わざるをえなくなった原因でしたが、じつは満洲事変の原因も朝鮮人なのです。満洲と日本の傀儡《かいらい》国家・満洲帝国は、いまの北朝鮮とも大いに関係があるので、少し歴史をさかのぼって説明しましょう。

いまの中国と北朝鮮の国境は、長白山《ちょうはくざん》（朝鮮名・白頭山《はくとうざん》）に源を発し、東に流れる図們江《とめんこう》（朝鮮名・豆満江《とまんこう》）です。日本海に流れ出る河口付近は、ロシアと北朝鮮の国境でもあります。中国側にある吉林省《きつりん》の延辺《えんぺん》朝鮮族自治州は、満洲帝国時代には間島省《かんとう》と言いました。間島という名称は、朝鮮語のカンドを漢訳したものです。

この地方は、もともと高句麗《こうくり》および渤海《ぼっかい》の領土で、清朝発祥の地でもありました。それで清朝では封禁令《ふうきんれい》を出して、この一帯への農民の入植を禁止していました。しかし朝鮮人はつねに河を越えて入ってきたので、一七一二年、康熙帝《こうき》は白頭山定界碑を建てて、ほぼ現在の国境線を定めたのです。

ところが李朝末期になると、朝鮮北部で干ばつなどの自然災害と大飢饉が発生し、多くの朝鮮人難民が、いまの延辺朝鮮族自治州、満洲帝国時代の間島省の地に移住しました。少し遅れて南方から漢人難民も流入し、朝鮮人よりやや北よりに定住集落をつくっていきました。

一八六〇年の北京条約で沿海州をロシアに奪われてはじめて、この地方の重要性を認識した清朝は、ここから朝鮮人を駆逐することを決意し、一八八一年朝鮮人の退去を李朝に通告しました。ところが、ロシアに対して弱腰になっていた清朝を甘く見た朝鮮側は、この地は朝鮮領であると主張し、二度の境界交渉でも解決がないまま、朝鮮人は増える一方だったのです。

前述したように、一九〇〇年の義和団の乱に乗じて満洲を軍事占領したロシアは、間島を朝鮮領とみなそうとしました。つまり、もし間島が朝鮮（一八九七年から国名は韓国）領であれば、満洲からの撤退を余儀なくされても、間島には朝鮮領だからという理由で残れるからです。この一帯は、長らく一般人の居住が禁止されていたので、手つかずの大自然が残っていました。木材伐採のできる原生林も、高価な野生の朝鮮人参も、希少な毛皮の取れる野生動物も、さらに砂金も豊富だったのです。

実際に、一九〇二年の日英同盟の圧力によって、ロシアが満洲からの完全撤兵に合意させられたとき、韓国皇帝から豆満江・鴨緑江流域での木材伐採権を与えられたことを理由に、ロシアはこの事業に従事させるという名目で軍人を残しました。これが日露戦争の一因となったことは、先に述べた通りです。

日本は清国と間島条約を結ぶが、朝鮮人は満洲へ移住し続ける

朝鮮半島の外交権が日本に移り、統監府が設置された二年後の一九〇七年、日本は間島に派出所をおき、一時この地方は日本官吏によって監督されました。その後、清国が、日本がもし間島で譲歩するなら、満洲諸懸案に対する日本側の主張を承認しようと申し出たので、一九〇

九年、日本は清と間島条約を結び、この地が清領であることを認めました。

ところが、日本が韓国を併合した一九一〇年以降、朝鮮人は清国をあなどって、ますますこの地に移住するようになります。自分たちはアジアの強国の日本人になったから、怖いものなしです。一九三〇年には、その数は六〇万人に達しました。そのほとんどは貧農層で、漢人や満洲人地主の小作人になりました。

いまでは北朝鮮も韓国も、日本の朝鮮総督府による土地調査事業や、日本軍による食料の収奪のせいで生活に困窮し、満洲に逃げた、と主張しますが、それはまったくのウソです。北朝鮮の気候よりも満洲のほうがよほどよく、地味も豊かで、生活水準が上がったからです。清朝時代には追い出されていたのが、日本を後ろ盾にして、ようやく自由に満洲に行けるようになったから、喜んで移住したのです。

さて、ソ連に誕生したコミンテルンは、一九二五〜二八年、朝鮮国内における共産党の組織化に力を注いでいましたが、日本の統治があまりにも成功しているために、何ひとつできず、力つきて朝鮮国内における運動をあきらめました。一九三〇年、コミンテルンは、朝鮮共産党を中国共産党満洲省執行委員会の指導下に組み入れます。こうして、満洲のなかの間島が、朝鮮人の共産主義民族運動の場になっていったのです。

日本を裏切った孫文による第一次国共合作

コミンテルンの工作は、五・四運動のあとも、とくにアジアにおける革命を引き起こすために激しさを増しました。一九二〇年にコミンテルン極東部長ウォイチンスキーはザルヒンの仮名をつかって中国を訪れ、三月北京で李大釗《りたいしょう》に、ついで上海で陳独秀《ちんどくしゅう》に会い、これから一九二一年にかけて、中国各地とパリと日本に共産主義グループが組織されます。

これらのグループが集まって中国共産党を結成し、一九二一年七月上海フランス租界で中国共産党創立大会がひらかれました。ソ連およびコミンテルンは、後進地域においてただちに共産党の勢力を強大にすることはできないと予見していたので、コミンテルン代表のマーリンは、共産党創立大会に出席したあとすぐに孫文《そんぶん》に会い、共産党との合作を説得したのです。

孫文は、中華民国でも中華人民共和国でも建国の父とたたえられていて、確かに彼がいなかったら両方の国家はできていないわけだから、その通りなのですが、日本人までもがなぜいまだに彼を好きで褒めるのか、気がしれません。孫文こそが、長年にわたる日本人の支援と好意を裏切った人物だからです。

拙著『真実の中国史』（ビジネス社、PHP文庫）に詳しく書きましたが、彼はシナ大陸に地盤のない貧乏な客家《ハッカ》出身で、兄がハワイで成功して母と弟を呼び寄せたので、一四歳でハワイの教会学校ではじめて学校教育を受けました。そのあともイギリスの医師免状を得てマカオで開業したのですから、華僑《かきょう》です。英語が上手でしたが、「四書五経」は読まないので、こういう人は、中国では新しい知識にかぶれた文化人と言い、読書人《どくしょじん》とは言いません。

一八九四年、ハワイで秘密結社の支援を受けて興中会《こうちゅうかい》を組織しますが、清のお尋ね者になったので外国を逃げ歩き、イギリスやアメリカや日本で有名になりました。しかし、辛亥《しんがい》革命以前に一〇回も起こした革命はすべて失敗しています。清のなかに地盤もなく軍隊も持っていなかったからです。

日本人は、スマートで英語もうまい孫文を、最初はこんなに近代的な中国人が出てきた、と思い、喜んでお金も人脈も支援していたのですが、彼は革命の同志からでさえ「孫大砲《そんたいほう》（孫の大ぼら吹き）」とあだ名されるほど、大きいことを言うだけで実がない。とうとうあきれて日本人が支援するのをやめてしまったら、日本の仇敵であるソ連とくっついたのです。主義などどうでもよく、お金を援助してくれるところだったら、どこでもよかったのです。

一九二二年、中国共産党はコミンテルンの意をうけて国共提携の方針を決め、李大釗や陳独秀が、共産党員のまま国民党に入党します。一九二三年一月にはソ連代表ヨッフェが孫文と会見し、孫文はソビエト路線にもとづく国民党再編成に着手し、革命軍を編成するための準備として、蔣介石《しょうかいせき》を三カ月間ソ連へ派遣しました。

一九二四年一月、広州で国民党第一次全国代表大会が開かれ、「連俄《れんが》（ソ連と提携する）、容共《ようきょう》（共産党員の国民党加入を許す）、扶助農工《ふじょのうこう》」が決議されました。これが第一次国共合作です。

アメリカの中国学者フェアバンクによると、中国共産党の党員数は一九二二年に三〇〇人、二五年に一五〇〇人であったのに対して、国民党は一九二三年に党員が五万人いましたが、広州での地方軍閥以上のものではありません。合作したあとの国民党の党員数は、一九二九年末に五五万人にのぼりましたが、そのうち二八万人は軍人で、上海の党員は官僚か警官でした。当時すでに四億人あった中国の人口における党員数の少なさに注目すべきです。中華民国は、国とは名ばかりで、このあとも地方ごとに軍閥が割拠する時代が続きます。

日本の関東軍が後援した満洲の軍閥・張作霖

東三省すなわち満洲の軍閥である張作霖《ちょうさくりん》は、祖父の代に、故郷の河北では食べていけず満洲に移住した血筋で、満洲統治に正統性があるわけではありません。二〇歳で日清戦争に従軍しますが敗戦で帰郷し、岳父の援助で遼西《りょうせい》で保険隊、つまり、開拓したばかりの農地を守る兵隊を組織しました。お金をもらった土地は守りますが、もらっていない土地の略奪はしますので、別名、馬賊ということです。

一九一二年に清朝が滅び、袁世凱が中華民国大総統に就任したあとも、東三省においては旧体制が温存されました。張作霖がひきいた軍隊もそのまま中華民国の陸軍に改編されて、張は奉天に駐屯することになります。その彼を、日露戦争で得た満洲の権益を守りたい日本の関東軍が後援しました。

袁世凱が生きている間は、それでも中華民国はなんとかまとまりを保っていましたが、一九一六年に彼が病死すると、子分たちの間であとめ争いが起こり、それを列強がそれぞれ後押しする軍閥闘争がはじまります。

その間の一九二四年に、馮玉祥《ふうぎょくしょう》が紫禁城《しきんじょう》から清朝最後の皇帝、溥儀《ふぎ》を追放したので、溥儀は日本公使館に避難し、その後、天津《てんしん》の日本租界で売り食い生活をすることになるのです。一九一二年退位の際に袁世凱が約束した、生涯紫禁城で生活するという優待条件を、溥儀は反古《ほご》にされたのです。満洲人の財産もすべて奪われました。またしても、「他人のした約束は俺は知らん」という、継承の概念のない大陸特有の態度です。

張作霖爆殺事件もコミンテルンによる工作という説も浮上

蔣介石の国民革命軍が北伐《ほくばつ》を開始したとき、北洋軍閥は、張作霖を総司令にして革命軍に対抗しようとしました。張作霖は一九二七年六月に自ら大元帥に就任し、つかのまの実権を手に入れます。しかし二八年にはいると、張作霖ひきいる軍は蔣介石の北伐軍に連戦連敗したため、革命軍の勢力が満洲にまでおよぶことをおそれた日本政府は、張作霖と奉天軍に満洲への引き揚げを勧告しました。同時に日本は北伐軍に圧力をかけて、満洲にまで追撃しないように約束させるのです。

満洲に引き揚げる途中の張作霖が乗った列車が、満鉄線と京奉《けいほう》線がクロスする満鉄付属地で爆発し、彼は重傷を負って奉天城内の自宅に運ばれますが、まもなく死亡しました。これが有名な張作霖爆殺事件です。張作霖を殺して中国人の犯行に見せかけ、それを口実に部隊を出動させて、満洲を一気に占領しようと考えた日本の関東軍の一部勢力の謀略だとずっと考えられてきましたが、最近になって、コミンテルンの工作だったという説も出ています。

どうしてかというと、工作をしたという関東軍高級参謀の河本大作《こうもとだいさく》は、二〇〇キロの爆薬を橋の脇に仕掛けたと言っているのに、張作霖爆殺の現場写真の客車は、屋根がふっとんでいて、線路は何ともないからです。素人が見ても、列車のなかで爆発しないと、こうはならないということがわかります。内側に手引きをする人がいたということです。

父が殺されたあと、息子の張学良《ちょうがくりょう》は国民党の蔣介石の下につくのですが、じつはその前から張学良は国民党員になっていたらしいのです。張作霖が殺されたから、日本を恨んで国民党に入ったという説も怪しくなります。

張学良は、新しい教育を受けたナショナリストでした。日露戦争で日本が得た権益と、それまでの長年の投資を、ここは中国なのだから、中国を侵略した日本は悪いやつらだ、すべて無償で置いて出て行け、と言ったのも、清朝の約束も中華民国総統の袁世凱の約束も、俺は知らん、という態度です。

日本が満洲国を建てたあとの一九三六年に、張学良は西安事件で蔣介石を捕まえて、ふたたび国共合作を取りつけますから、もともとコミンテルンと関係が深かったのではないかと、私は思います。その証拠に、のちにコミンテルンが彼に勲章を与えています。張学良という人は、孫文と同じくらい、日本にとっては仇敵です。

張学良の排日運動でいちばん被害を受けたのは在満朝鮮人だった

張作霖の死後、二七歳で満洲の実権を握った張学良は、日本が一九一五年五月に袁世凱政府との間に結んだ二十一カ条要求の第二号「南満洲および東部内蒙古に関する件」の取り消しを求めて、激しい排日運動を展開しました。満鉄に対しては二本の並行線を敷設し、武装警官が日系の工場を襲って閉鎖を命じ、設備を破壊したり、鉱山採掘を禁止して坑道を壊したりしました。

張学良の言う国権回復《こっけんかいふく》運動とは、袁世凱との間に結んだ二十一カ条条約を無効とし、日本がロシアから継承した旅順・大連の租借権は、本来一九二三年で期限切れになるはずであるとして、旅順と大連も回収して、日本を追い出せというものです。

張学良は、日本人への「土地商租権」を、中国侵略の手段であり領土主権の侵害であるとして、日本人に対する土地貸与を、売国罪、国土盗売として処罰する「懲弁国賊《ちょうべんこくぞく》条例」を適用しました。つまり、日本人や朝鮮人に土地を貸したり家を貸したりした奴は売国奴だから、それはすべてチャラにする、と言ったわけです。

さらには、「土地盗売厳禁条例」「商租禁止令」など六〇におよぶ法令を新しくつくって、土地・家屋の商租禁止と、以前に貸借した土地・家屋の回収をはかります。これによってもっとも苦汁をなめたのが、在満朝鮮人だったのです。

ふつうの日本人で大陸に出て行った人は、租借地だった旅順と大連のある関東州以外は、満鉄で働く人とその家族、さらには満鉄社員を相手に商売をする人がほとんどでした。日本人は、現地のシナ人や満洲人などと同じ賃金で働くことはありませんし、奥地にまで入っていって、シナ人や満洲人と競争して農業をしたり商売をしたりできるほどタフではありません。一方、朝鮮人は、前述のように六〇万人もが満洲に移住していたのです。

張学良の排日運動は、このほか、森林伐採権、鉱山採掘権などの否認、東三省における関東軍の駐兵権を条約上無効とする撤兵要求、満鉄の接収など、エスカレートするばかりで、日本の満蒙権益は追いつめられていきました。そのため、現地居留日本人の危機感はつのり、窮状を打破するには武力による解決もやむなしとの機運が、陸軍ことに関東軍をおおっていったのです。

日本は満洲の朝鮮人を守るために満洲事変を起こした

一九三〇年五月、中国共産党の指導のもと、間島の朝鮮独立運動派が貧農層を組織して武装蜂起します。「打倒一切地主、打倒日本帝国主義」をスローガンにかかげたこの間島暴動は、張学良支配下の東北官憲によって徹底的に弾圧されました。本質的に地主・官僚・軍人政府である張学良の東北政権は、共産主義といりまじったこの朝鮮人民族団体を、むしろ日本帝国主義の手先と考え、弾圧の対象を政治団体から一般の朝鮮人にまで拡大しました。

すでに一九二八〜三〇年に、農業に従事する在満朝鮮人と中国人の対立紛争は一〇〇件を数え、一九三一年二月、国民党会議は朝鮮人の満蒙移住厳禁を決議し、「鮮人駆逐令《せんじんくちくれい》」によって朝鮮人を満洲から追放にかかりました。張学良は朝鮮人が嫌いで、全員追い出そうとしたのです。

朝鮮人は「俺たちは日本人だ」と言って、現地で大きな顔をして、満洲人や漢人の地主にいやがらせまでして、それを日本の警察や軍に言いつけるような人たちだったからです。

行き場を失った朝鮮人農民は、長春の西北約二〇キロの万宝山《まんぽうざん》に入植しようとしました。ところが、吉林省政府の警官隊は、朝鮮人農民の退去をくりかえし求め、七月にはついに中国人農民が大挙して彼らを襲撃します。

日本は、日本国籍を持つ朝鮮人保護を名目として武装警官隊を送って、この紛争を武力でおさえこみました。さらにそれを韓国の新聞が中国の不法行為として大々的に報道したため、ほとんどは韓国各地で排華運動が起こります。とくに平壌では、数千人の朝鮮人群衆が中国人街を襲い、国際連盟が派遣したリットン調査団の報告書によると、一二七人の中国人が殺されたそうです。これを万宝山事件と言います。この事件が満洲事変の直接の引き金です。

第7章

日本統治がなければ いまの韓国の発展はなかった

日韓併合に関する優れた研究をすべて無視する韓国

日韓併合といっても、何度も言うように、いきなり乱暴に銃を突きつけて、大韓帝国を合邦したわけではありません。このあと、いかに韓国の主張が間違っているかをひとつずつ検証していきますが、そのための武器になるのは数字です。日本は朝鮮統治にあたって、朝鮮半島をくまなく綿密に調査しています。多くの統計資料がいまも残されているので、その数字を見れば、いま韓国が日本の植民地にされたと批判していることが、ほとんどウソであることがはっきりわかってきます。

韓国人や朝鮮人、それに同調する日本の左翼が大声で日本をののしる際に使う枕詞《まくらことば》のような文句、「日韓併合による『七奪』」については、黄文雄《こうぶんゆう》氏をはじめさまざまな論者がきちんとした証拠をあげて反論しています。私がとくにお薦めする本は松木國俊《まつきくにとし》氏の『ほんとうは「日韓併合」が韓国を救った！』（ワック）と、最近の松本厚治《まつもとこうじ》氏の『韓国「反日主義」の起源』（草思社）が非常に優れた著作だと思います。

日本以外の学者が書いた本としては、まず李榮薫《りえいくん》の『大韓民国の物語　韓国の「国史」教科書を書き換えよ』（文藝春秋）がたいへん優れた研究をしています。韓国の学者が、よくこれだけ本当のことが書けたものだと感心します。韓国国内でこの著書はずいぶん批判されているようですが、その学者としての公正な態度は称賛に値します。

二〇一九年には、同じ李栄薫編著の『反日種族主義』が韓国でベストセラーになり、日本でもすぐに翻訳本が出ました。韓国では相変わらず批判も多いようですが、たくさんの韓国人が読んだということですから、少し希望も感じます。

それから、ジョージ・アキタ、ブランドン・パーマーの『「日本の朝鮮統治」を検証する１９１０―１９４５』（草思社）が、本当にいい本です。

ジョージ・アキタとブランドン・パーマーの本によると、朝鮮系の学者でも本当のことを研究している人は、とくにアメリカでかなりの数出てきています。ただ、韓国政府や韓国の大手メディアはこうした研究をまったく受け入れず、無視しています。

しかし、学問的良心にしたがって調査を重ねて、真実を追求していけば、必ず実像に突き当たります。少しずつではあっても、史実が明らかになることによって、世の中は真実に向かって動いていきます。ウソは必ずほころびが出てきますから、永久にウソをつき続けることはできません。

韓国の反日論調はまず結論ありきからはじまる

韓国が「七奪」だと日本を非難しているのは、すなわち主権、国王、人名、国語、姓名、土地、資源の七つを日本が奪ったというものです。韓国の反日論調の常で、まず結論ありきで、日本が奪ったということに当てはまりそうな事柄を探すわけです。ところが、本当のことなどどこにもないのです。韓国人は本当でなくても、そう思いたいからそう思うのです。韓国の教科書もそうやって教える。だから、これからも日本と韓国の歴史認識は平行線のままでしょう。「本当のことさえ言えばいつかはわかってくれる」という日本人の考えは通用しないと思います。というのも、そうしたら、韓国人が韓国人ではなくなるからです。中国人も同じです。日本人の言うような真実に目覚めたら、中国人ではなくなるのです。

日本人は、裏表なく本当のことを言っていれば、一生困らずに生きていけます。それはとても幸せなことです。日本人は幸せな民族であり、日本は幸せな国なのです。ところが、中国・韓国はそもそもがフィクションでスタートした国家ですから、本当のことを知ったときに人格崩壊の危機に直面せざるをえません。ウソとごまかしにまみれた歴史によって、かろうじて民族としてのアイデンティティを獲得している、かわいそうな人たちなのです。

一例をあげると、本当にかわいそうなのは、韓国で教育を受けて日本人の奥さんになったような人です。私の知り合いの韓国女性は、日本に来てから本当の歴史を知って、ひどいショックだったと言っていました。前半生の自己形成が根本から否定されるわけですから、立ち直るのは容易ではありません。自分の出自や故国を信じることができなくなるわけですから、その後の人生は非常に苦しくならざるをえないのです。

清国の属国だった李氏朝鮮に主権などもともとなかった

韓国が日本に奪われたと主張する「七奪」について、まず「主権」について検討しましょう。「主権を奪った」というのはまったく逆で、清の属国だった李氏朝鮮を独立させたのは日本です。日清戦争で勝利した日本が、下関講和条約の第一条で、朝鮮の独立を清朝に認めさせたからです。

それ以前に、李氏朝鮮には主権があったと現代の韓国人や朝鮮人は言いますが、歴史をきちんと調べてみればわかります。李氏朝鮮は清朝と冊封《さくほう》関係にあって、朝貢《ちょうこう》していました。それは清朝の属国だということで、独立国などではありません。主権を奪ったというけれども、主権などもともとなかったのです。

日露開戦時、大韓帝国では李容九《りようきゅう》が一進会《いっしんかい》を結成し、政党をつくろうとしました。日露戦争後、一進会一〇〇万人会員の名前で合邦声明書が出されています。韓国皇帝、統監、首相に対して、日韓合邦の嘆願書を提出しています。だから、日本はいちおう民間の意見も聞くかたちで合邦しているのです。

親日派は中人《ちゅうじん》階級に多くいて、本当に日本との併合を望んでいました。四民平等を実現した日本の明治維新がうらやましくて仕方がなかったのです。金玉均《きんぎょくきん》が福澤諭吉《ふくざわゆきち》の援助を受けて、清仏戦争のころから親日派が生まれていました。しかし、袁世凱《えんせいがい》が指揮する清朝の軍隊が入ってきて、親日派は粛清されます。

金玉均は殺されて遺体はばらばらにされて晒《さら》されます。これを見て福澤諭吉は激怒した。国の将来を憂えている有為《ゆうい》の知識人を、見せしめのように残虐な殺し方をして晒す。そんな悪鬼《あっき》夜行《やこう》の国とはもう縁を切れというのが『脱亜論《だつあろん》』になるわけです。

日本では、すでに江戸末期から、下級武士のなかからも有為の人材を育てて近代化を進めていました。朝鮮においても、そういう人材を育てなければいけなかった。ところが、優秀な人材は両班階級に潰《つぶ》されてしまう。日本は見るに見かねて手を出し、お金を出し、口を出したのです。

朝鮮が自ら国を近代化して独立国となっていれば、日本も手を出す必要はありませんでした。ところが、当時の世界情勢を考えれば、放っておけば釜山まで清朝になってしまう。あるいは釜山までロシアになってしまう可能性が高かったのです。

そうなれば日本の安全保障が脅《おびや》かされてしまいます。朝鮮半島は日本の喉元《のどもと》に突きつけられた剣のような存在なのです。決して外国に占領させるわけにはいかないのです。

朝鮮半島に親日的な国のできることが一番望ましかったのですが、呼応してくれる人たちは生まれず、致し方なく日本人が出ていくことになった。そういう不幸な関係だったのです。

朝鮮半島はもちろん、満洲にしても、日本の政治指導者たちは、現地の人間に任せるべきか、任せても大丈夫かどうかについて、ずっと議論していました。相手国の民衆に強圧的だと見られたら日本にとっても損ですから、とりあえず先にやらせてみようとしていたのです。しかし、やらせてみた結果、うまくいかなかった。明治時代の政治家が論争した史料がたくさん残っています。研究価値は十分にあるので、これから真面目に研究すべきテーマだと思います。

日本は朝鮮王家を尊重して、李王家を皇室の一員として遇した

「七奪」の二番目は、「国王を奪った」です。しかし、日本は李王家を日本の皇族の一員に迎えて、毎年一八〇万円（いまのお金で二〇〇億円）の李王家歳費を計上しているのです。日本の皇族と比べても格段に高い費用だそうです。清国やロシアに併合されたら李王家が生き延び

ることすらできなかったでしょう。

しかも李王家の王世子李垠《りぎん》殿下に梨本宮方子《なしもとのみやまさこ》女王が嫁がれています。日本は朝鮮王家を尊重して、李王家を皇室の一員として遇したのです。さらに両班を華族にしています。しかし、これはあまりにも日本的な対応だったかもしれません。李氏朝鮮で王家は朝鮮人から尊敬されていたと、日本人はつい思いがちですが、実際には王家や両班は朝鮮の民衆には嫌われていただけだったからです。

華族になって東京に住むようになった両班たちはそのまま日本で生活して、おそらく全員が日本人になったと思います。とりわけ戦後は朝鮮に帰ってもいいことは何もなかったからです。戦後の日本では出自を問題にすることはありませんでしたから、おそらく彼らは日本名を使うようになって日本人になっているでしょう。

いまでは韓国人の八〇％以上が、「私は両班の子孫です」と言っています。ところが、日韓併合まで両班は人口の三％しかいないのです。どうすれば、そんな数字になるのか不思議でなりません。

人命を奪ったどころか、日本統治下で人口が増大した

「七奪」の三番目は、「人命を奪った」です。

韓国の教科書は「韓国では一八九四年から一九四五年までの五〇年間、日韓は戦争状態にあり、日本軍は朝鮮人数十万人を殺した。東学党《とうがくとう》は日清軍と九カ月間交戦して、死者は三〇万人にのぼった」と書いていますが、とんでもない記述です。歴史を勝手に書きかえてもいいというのが韓国の歴史認識だとしか思えません。

朝鮮で東学党の乱が起きて、まず朝鮮王が清朝に救援を依頼したことから、日本も派兵して日清戦争になりますが、日本は朝鮮人と戦争をしたわけではありません。

日韓併合後、米価が上がって、朝鮮人が飢えたと韓国の教科書に書かれているそうです。それは日本のほうが米が高く売れたので、米を日本に輸出してしまったからです。ですから米が減ったことはたしかです。しかし、三六年間の日本統治で餓死者は一人も出ていません。その理由は朝鮮は満洲から穀物を買っていたからです。つまり、高い米を日本に売って、安い穀物を満洲から買っていたのです。

米が食べられなくて、高粱《コーリャン》を食べていたからひもじい思いをしたかもしれません。しかし、米を売ったお金で工業製品などを日本から買っているのです。そういう近代的な経済原理を持

ち込んだことが、朝鮮人には気に入らなかったといえばそれまでですが、それは搾取《さくしゅ》や収奪というよりは、近代化の一環として朝鮮半島を日本の経済圏に組み込んだということだったのです。

朝鮮半島の人口統計は、一九〇五年の第二次日韓協約のあと、はじめは韓国統監府、日韓併合後は朝鮮総督府による調査が毎年行なわれています。一九〇七年に一一六七万人であるのが、毎年確実に増加し、支那事変のあった一九三七年には二一六八万人と倍近くになり、一九四四年には二五一二万人になっています。このほかに、自発的に満洲と日本に出て行っているわけですから、人命を奪ったという根拠はまったくないのです。

日本語を強制するどころか、朝鮮語辞典もつくった日本

「国語を奪った」というのも、完全な間違いです。

日本語ができる朝鮮人がどれぐらいいたかというと、日韓併合後三〇年、つまり一世代たった一九四一年になっても、日本語を「やや解する」「普通会話ができる」人は三九〇万人しかいなくて、全人口の一六%にすぎないのです。残りの日本語の話せない人に日本語を強制したことなどありません。地方の村なども、二カ国語でやっています。全員が日本語を理解できる

朝鮮ホテルのサンルームでくつろぐソウル生まれの舞踏家・崔承喜。

わけではないからです。むしろ日本語のわかる人のほうが威張っていました。そこが彼らの彼らたるゆえんです。一九四五年の日本の敗戦のときも、朝鮮全土で、アナウンスは両国語でやったことが記録として残っています。

むしろ日本人は朝鮮語の研究にも取り組んでいます。日本の朝鮮総督府によって一九二〇年に本格的な朝鮮語辞典が完成し、一九二四年に京城《けいじょう》帝国大学に朝鮮語・朝鮮文学講座が開設されています。日本は朝鮮語を朝鮮人に教えさせることにも熱心だったのです。

また、韓国は日本はハングルも奪ったなどと言っていますが、これもまったくの逆で、ハングルを普及させたのは日本人なのです。李氏朝鮮で政治の実権を握っていた両班階級がハングルを普及させなかったというのが真実です。両班の支配原理は漢字を独占するところにあったのですから、一般民衆でも容易に理解可能なハングルの普及は彼らの支配をゆるがすからです。むしろ仮名文字を発明した日本人のほうが、ハングルに興味を持ったのです。

ハングルはモンゴルのパクパ文字からつくられた

私の専門の著書である『最後の遊牧帝国　ジューンガル部の興亡』（講談社選書メチエ）には韓国語版があります。一五三ページ右下にあるハングル文字はその韓国語版の奥付です。

左下の図は李氏朝鮮時代の初期の「訓民正音《くんみんせいおん》」です。しかし、朝鮮時代はハングルと呼んでいません。「諺文《オンモン》」と言っていました。これは「卑しい文字」という意味ですから、最初から歓迎されていないことが呼び名からもわかります。ハングルという言葉は「偉大な文字」という意味で、ハングルと言うようになったのは二〇世紀になってからなのです。

ハングルの成立については歴史があります。ハングルの祖先ともいうべき文字に「パクパ文字」があります。これは一三世紀、モンゴル帝国のフビライ・ハーン（元の世祖）がチベット人の高僧パクパに命じて創らせた「蒙古新字」です。図にあるようにチベット文字を縦書きにした表音文字がこのパクパ文字です。

パクパ（'Phags pa）文字（パスパ文字とも言う）

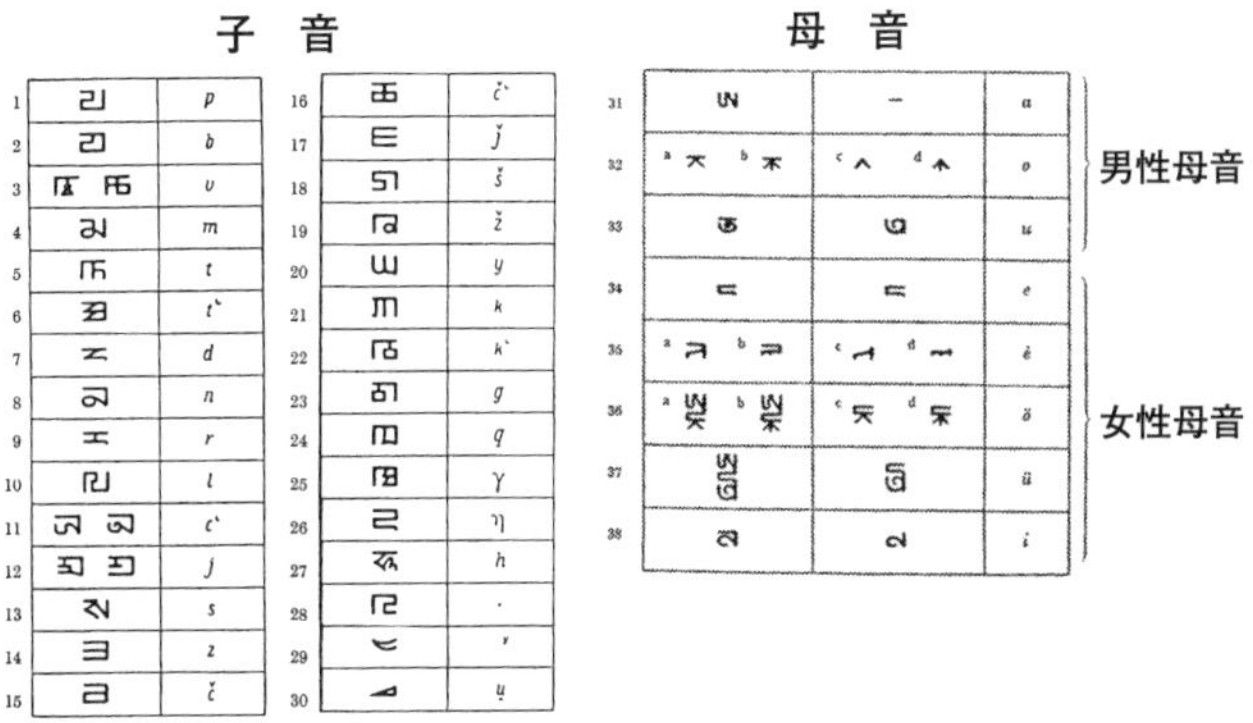

訓民正音

（15世紀の李氏朝鮮ではじまる）

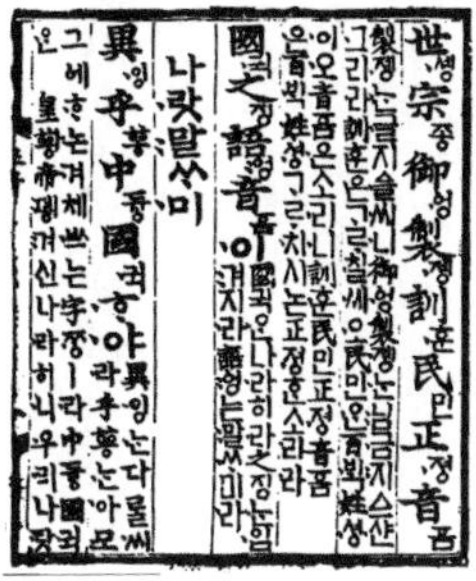

現代のハングル文字

宮脇淳子(미야와끼준코)

1952년和歌山현출생.
교토大문학부사학과(동양사전공) 졸업.
오사카대학대학원박사과정수료.
현재, 국제관계기초연구소주임연구원,
동경외국어대학비상근강사.
주연구분야는몽골사, 유목왕권론.
공저로는『중앙유라시아의세계』(山川출판사)
『티베트의불교와사회』(春秋社)

チベット文字は子音だけを横書きで表記します。母音は何も記号がなければ「あ」で、上下にはねる記号をつけて「い」「う」「え」「お」と読んでいきます。図の右側にあるように、フビライから国師の称号をもらったパクパは、チベット語の母音記号を使って母音の文字をつくりました。母音は日本語もチベット語も五つですが、モンゴル語は八つもあります。パクパ文字は、子音と母音とを分けて縦に書いて、あらゆる発音を表記できるようにしたアルファベットなのです。

本書の前のほうで述べたように、高麗はモンゴルに支配されていたと言っても過言ではない王朝でした。高麗の王子はモンゴルの宮廷で育てられてモンゴル王族の娘と結婚し、父王が死ぬと高麗に赴いて国王として即位するというしきたりでした。ですから朝鮮半島はこのチベット文字由来のパクパ文字に親しんでいたはずなのです。

その後、李氏朝鮮の四代目の世宗《せそう》が「訓民正音」を公布します。これがハングルの原型です。漢字仮名混じりと同様に、一部漢字が使われますが、ルビとしてのちのハングルが使われています。しかし両班階級は、これを卑しい文字「諺文《オンモン》」として拒否したのです。下層の人間に文字を教えたら、両班の特権がなくなってしまうので困るからです。そこで、朝鮮の上流階級の女性たちがシナの小説を読むために諺文を使ったのです。

漢文の音を諺文で書いている資料は残っていますが、諺文を使って自らの歴史や文学を著し

写真上が日韓併合前の京城の商店街。写真下が1936年の京城南大門通り。

た文献はありません。しかも、一九世紀末になって、ヨーロッパと日本の言語学者が漢字を違う音で読むというこの文字に興味をもって、文献をあらいざらい収集したので、朝鮮半島には李氏朝鮮時代の諺文の文献はひとつもないそうです。

日本の学者はハングルだけでなく、満洲文字、モンゴル文字についてもよく研究しています。基本的に韓国の文物、文化財はすべて日本人が発掘・調査して博物館に入れたものがほとんどです。歴史についても朝鮮史、満洲史は日本人が研究してはじめて成立したと言っていいのです。大陸と半島の人たちは、華夷秩序のなかで自分たちが中心にいて、周囲の人たちは蕃夷《ばんい》だと考えていたので、他者にまったく興味がなかったのと同様、自分自身についても興味を持たなかったようなのです。

福澤諭吉と井上角五郎がハングルの普及に努めた

ハングルを評価したのは福澤諭吉でした。福澤はハングルを普及させるべきだと金玉均たちに勧めています。ところが、彼らの反応は否定的でした。それをいまごろ「日本が奪った」と言う。あるいは福澤諭吉がハングルを推奨したのは、日本のカナと同じように使うことを薦めて、朝鮮を日本に同化させる第一段階にしたのだと言う。よくもこれだけ正反対のことが言えるものだと感心してしまうほどです。

朝鮮総督府は「普通学校用諺文綴法」を決定して採用します。韓国人の学者に検討させたところ、二派に分かれてもめてしまいます。そこで総督府の日本人研究者が最終的に決定しました。これがいまも使っているハングルなのです。

ハングルを普及させたのは、福澤諭吉とその門下の井上角五郎《いのうえかくごろう》です。

井上角五郎は一八八三年、朝鮮政府顧問に就任します。日韓併合前の一八八六年にすでに漢字とハングルの混合文を使って、官報として朝鮮初の近代的新聞『漢城周報《かんじょうしゅうほう》』を創刊しています。

この新聞に使われたハングル活字は、福澤諭吉が築地《つきじ》活版所につくらせてあったものでした。使わないで置いてあった活字を使って井上角五郎が新聞を発行したのが、朝鮮におけるハングル文字出版のはじまりだったのです。

「創氏改名」は朝鮮人からの強い要望で実現した

「姓名を奪った」も、まったく事実無根の主張です。

日韓併合の翌年の一九一一年、朝鮮総督府は朝鮮人が日本式姓名を名乗ることを禁止しています。日本人と朝鮮人の区別がつかなくなると行政上困るからです。朝鮮には戸籍制度すら整備されていなかったために、日本の朝鮮統治は、まず戸籍調査からはじめなければなりませんでした。

ところが、日韓併合から二九年後の一九三九年に朝鮮戸籍法が改正されます。これは朝鮮人満洲開拓団からの強い要望があって、朝鮮人が日本名を名乗ることを認めざるをえなくなったからです。

一九三二年に満洲国が建国されましたが、満洲人と中国人は朝鮮人が嫌いです。彼らは朝鮮の支配者だったという意識がありますから、朝鮮人をばかにしていました。それで朝鮮人より日本人であったほうが現地で強い態度に出ることができたので、満洲の朝鮮人は日本名を使いたがったのです。

五族協和を理想とした満洲国ですが、現実には各民族間での軋轢《あつれき》が絶えませんでした。とりわけ朝鮮人がいばっていたことが大問題でした。満洲で軍閥をひきいていた張学良は朝鮮人を追い払おうとやっきになっていました。先に説明したように、満洲事変にまでなっていくのも、朝鮮人たちがやりたい放題やって満洲人や中国人ともめたことが大きな原因になっているのです。

日本政府の外交官や政治家は、朝鮮人と日本人は違うのだから、朝鮮人のもめごとは日本人とは分けて考えて中国とうまくやっていくほうが大事だという意見が多く、そういう指令を出していた。ところが、現地の軍関係者は、朝鮮人もみんな日本人だと言って問題を解決したがった。軍のほうが平等主義です。他方、外交官や政治家は世界情勢を知っているので、もう少しリアリスティックだった。そういう差がありました。どちらがよかったのかはわかりません。

日本の軍部が政治をわからず、世界情勢に対する理解もないままに突っ走ったのは、私も反省するべきだと思います。しかし、日本人は反省ばかりしています。ところが、中国や韓国は反省しなさすぎるのです。彼らには自らを省みて、そこから教訓を学ぶという真摯《しんし》な態度がまったくありません。

朝鮮名のままでもなんら差別されなかった

「創氏改名」については、もうひとつ理由があります。

日本の戸籍制度をそのまま朝鮮に適用することができなかったのです。朝鮮には村の名前や一族の姓はあっても、家族の姓がありませんでした。両班階級にしか姓がなかったからです。そこで、日本が戸籍を整備するときに、とても面倒なことになりました。というのも、朝鮮には姓そのものの数が少なかったからです。金や李、朴など大きな一族の姓は十程度しかなかったのです。そこで、一族の姓は戸籍簿に残したまま氏を創設してもいいとしたのが、「創氏改名」だったのです。一九四〇年になって、日本のように家族ごとに氏をつくってもいいという法律をつくりました。そうなるともともと姓の数が少ないのですから、日本人の名前を選ぶことになります。結果的に八〇％の朝鮮人が、日本名の氏を選択した。姓名を奪ったと言いますが、そのほうが得だから自分たちが選んだのです。

一方、日本内地に住んでいる朝鮮人は、八五％の人たちが、朝鮮式の姓をそのまま氏として設定しました。朝鮮名を選んだからといって、差別されたわけではありません。日韓が併合されて朝鮮から日本に留学生が大勢きています。その人たちは朝鮮名のまま日本の学校に入学しても、日本人とちゃんと友達付き合いをしています。東大にも入学しているし、裁判官にもなっています。日本の男子マラソン選手として一九三六年のベルリン・オリンピックで金メダルを獲得した孫基禎《そんきてい》や、戦後戦犯として裁かれて絞首刑になった洪思翊《こうしよく》中将なども、朝鮮名のままでオリンピック選手や日本軍の高官になっています。朝鮮名だからいじめたなどという日本人は、戦前、とくに日本内地ではじつはいなかったのです。

朝鮮半島で日本人が所有していた土地はわずか六%

「土地を奪った」も大間違い。

李氏朝鮮時代は所有権の概念があいまいだったので、朝鮮総督府は併合してすぐに近代的測量技術を使って土地調査を実施しています。八年かけて綿密に土地調査を行なった結果、二七〇万町歩と言われていた耕地が、実際には四八七万町歩あることが明らかになったのです。なぜこれほどの差がでてきたのかと言えば、両班が土地を隠していたからです。土地の面積を過小に評価して税金の支払いを逃れるためです。

だから、日本の統治下で隠していた土地が表に出されてしまった両班は、土地を奪われたと恨んでいるのです。それが真相です。

一九二二年に朝鮮半島における国有地および日本の法人・個人が保有していた土地は、全耕地面積のたった六%しかありませんでした。この数字を見れば、奪ったというのがウソだとすぐにわかります。

朝鮮総督府が非常に平等だったのは、所有権のあいまいな土地がたくさん見つかったけれども、それをほとんど朝鮮人に売っていることです。それは勇敢な韓国人学者である李榮薫さんの著書『大韓民国の物語』のなかにも、書かれています。

朝鮮半島のインフラ整備に巨額の資金を投入した日本

「七奪」の最後は、「資源を奪った」です。

収奪どころか日本は税金をつぎ込んで産業を育成しました。併合後、毎年、二〇〇〇万円前後の資金を持ち出し、一九三九年になっても日本からの補充金と公債が全予算額の二五％を占めていました。

一九世紀末から二〇世紀頭にかけて、イザベラ・バードなど多くの欧米人が韓国を訪れて旅行記を書いていますが、それを読めば、朝鮮半島がいかに貧しかったかがよくわかります。日本も日清戦争、日露戦争を戦って国家財政は火の車だったはずです。それでも日本は資金をつくって朝鮮の近代化を進めたのです。その努力はほとんど涙ぐましいと言ってもいいものです。

一九一〇年、朝鮮全土で一〇〇〇万石だった米の生産高は、一九三〇年代に二〇〇〇万石を超え、一九三三年から三八年にかけて農家収入は二倍になり、朝鮮人の平均寿命は一九一〇年に二五歳だったのが一九四四年には四五歳になっています。

三五年におよぶ日本統治期間を通じて、日本政府が朝鮮半島につぎ込んだ金額は、累計二〇億七八九二万円です。いまのお金にすれば六三兆円にもなる巨額の資金です。内訳で言えば、鉄道建設の諸経費換算で一〇兆円以上、民間資金も水豊ダムだけで三兆円以上になります。日

日本がつくった水豊ダムは当時世界トップクラスの水力発電所だった。

本はよくこれだけの資金を出したものだと感動してしまうほどです。

「漢江の奇跡」も日本の援助があって実現した

しかも日本は戦後もまた韓国に資金援助をしているのです。一九六五年、朴正煕《ぼくせいき》大統領の時代に日韓基本条約を締結して、日本は無償三億ドル、有償二億ドル、あわせて五億ドルを提供しています。これは当時の日本のＧＤＰの二五パーセントにもなる金額です。この日本の資金を使って韓国は「漢江《ハンガン》の奇跡」を実現して、経済発展を軌道に乗せたのです。

日本はいまでも世界中の国々にＯＤＡで

支援しています。例えばモンゴルです。ソ連邦が崩壊してモンゴルが民主化したあと、モンゴルの国家予算の半分が日本の援助だった年もありました。モンゴル支援国会議を日本で開催して日本が援助をとりまとめたのです。そのあと四分の一程度になったようですが、一〇年間ぐらいは日本がモンゴルの最大の援助国でした。

この日本のODA支援をモンゴルは感謝してくれています。中国や韓国とは大違いです。しかもモンゴルは国連の非常任理事国を日本に譲ってくれるなど、きちんと恩を返しています。こういう国なら日本も支援しがいがあるというものです。

だから、感謝されこそすれ、悪口を言われる筋合いはひとつもないのです。ところが証拠もないのに、韓国人は一方的に被害を受けたと言い続ける。ウソでもなんでもあまりにも強く主張するので、何か根拠があるのだろうと日本人が思わされてしまうほどです。だから、日本人は史料にあたって正確に事実を認識しておくべきなのです。近現代の歴史については、日本人は真面目に几帳面に記録して史料として残してあるのですから。

日本の支援は朝鮮のためだけでなく日本のためでもあったのは事実

李榮薰の『大韓民国の物語』にある話を少し紹介しましょう。

写真上が1880年代の京城の商店街。昭和初期の京城繁華街（本町２丁目）との差は歴然としている。

日韓併合で、多くの日本人が朝鮮半島に渡ります。一番多いときは七五万人で、人口の二・七％程度です。李榮薫は経済学者なので、真面目に統計を出してくれています。

なぜこれほど多くの日本人が朝鮮に行ったのかと言えば、日本から多額の援助資金が公共投資に使われて、インフラ整備が行なわれたからです。言ってみれば箱もの行政です。いまでは「箱もの」というだけで悪いイメージがありますが、インフラが何もなかった当時の朝鮮半島が近代化するためには必要不可欠の投資でした。それを管理・監督する日本人が大量に必要になったのです。インフラ整備には工事をする日本人が必要だし、それが給料になって日本人の所得になるわけです。現在の日本のODA支援でも、ひも付きで日本の会社が工事を請け負うことがあるように、必ずしも朝鮮のためだけの援助だったわけではありません。それは認めなければいけません。それでも日本の支援は朝鮮半島を近代化し、同時に日本の近代化にもつながったのです。

西欧列強のなかで植民地に公共投資などした国はありません。西欧の植民地では基本的に宗主国の人間が居住するのは町や港、鉄道沿線にかぎられます。ところが、日本の日韓併合では、農村部にも日本人が入って、駐在所の巡査と小学校の校長や教頭、水利組合、金融組合といった地方組織にも日本人が赴任しているのです。資金援助だけでなくへき地の村にも日本人が入っていって国づくりに参加したのです。本当に一握りの五、六人の日本人が各村に入って、殺されもしなかったというのは、いかに日本の統治が平和的で、現地でも受け入れられていたかということの何よりの証拠です。

一九二五年当時、郡主を務める朝鮮人が二五〇人いました。郡主というのは県知事より下の市長あるいは村長ぐらいにあたる役職です。つまり、日本から給料をもらって村長などの役職についていたのです。この人たちは全員が中人の出身だったそうです。この中人階級の人たちが教育を受けて、日本語ができるようになって、日本の統治下で役人になっていったのです。

日韓併合で朝鮮から日本への留学ブームが起きた

一九三〇年代には、日本の教育が浸透して、公立学校が増えていきます。併合当時は小学生は二万人程度でしたが、一九三七年には九〇万人となって、四五倍に増えています。

一九三九年には単科大学、師範学校に行っている朝鮮人が六〇〇〇人を超して、京城帝大にも二〇六人が入学しています。京城帝国大学が設立されたのは、一九二四年のことで、日本で六番目の帝国大学です。大阪帝大や名古屋帝大よりも早かったのです。一九三〇年代末には、子供の就学率が男の子は六〇％を超えています。

一九三七年ころから、朝鮮人が日本に留学してくるようになりました。一九四二年には二万九〇〇〇人が日本の学校に入学しています。その七五%が中学生でした。中学生から日本に留学してきたわけです。この子たちは高校から大学へ進学します。日本の大学を出れば出世できるからです。

これはいまの韓国のアメリカ留学ブームとそっくりです。韓国では小学生からアメリカ留学させるのが流行しています。まだ子供が小さいので母親が一緒についていく。お母さんは英語教室で英語を勉強して、子供はアメリカで英才教育を受けるのです。父親は給料を運びに往復するだけなので、「雁」と言われています。私がインディアナ大学の英語の短期コースを受けに留学したとき、韓国人がたくさん留学していて、子供が音楽教育のために留学していたお母さんが私と同じ英語の集中コースにいました。

日韓併合の時代は日本留学がブームだったのです。教師になったのは日本人だけではもちろんありません。総督府の下級官庁と学校に官吏や教師として就職した朝鮮人は、一九四〇年には一七万人いて日本人よりも多かったのです。

一九四〇年というと日韓併合から三〇年たっていますから、朝鮮人を教育して中級官吏は置き換えていこうというのが日本の政策だったのです。小学校でも朝鮮人の先生が増えていきましたが、校長と教頭は日本人でした。それが日本の敗戦まで続いたので、日本人の先生に学んだという朝鮮人はひじょうに多かったのです。

日本統治はコミュニズムの浸透を防いでいた

一九三一年の満洲事変から大東亜戦争終結の一九四五年までの一四年間は、朝鮮半島ではまったく反乱はありません。日本人が現地の朝鮮人のために満洲事変まで戦ってくれたのですから、日本人でいることは嬉しいことになったのです。満洲にいた朝鮮人小作人は完全な親日へと変わります。とくに、一九三七年に支那事変がはじまると、朝鮮人は熱狂的に日本を支援するようになりました。

一九三二年に満洲国が建国されると、日本の安全保障や軍備の重点が満洲に移ってしまい、朝鮮は緩衝地帯として内地と同じ扱いになります。「創氏改名」も前に述べたように満洲の朝鮮人の求めに応じて法改正をしたにすぎません。大東亜戦争に協力はさせられたかもしれませんが、朝鮮人の徴兵は最後の段階で行なわれたにすぎません。きわめて統治はうまくいっていて、暴動などいっさいなかったのです。

支那事変が勃発すると、朝鮮人から志願兵の申し入れが行なわれるようになり、朝鮮人の朴《ぼく》春琴《しゅんきん》衆議院議員から、「朝鮮人志願兵制度」の請願が出されました。けれども、朝鮮人に徴兵制が施行されたのは一九四四年四月からで、国民徴用令が実施されたのも、一九四四年九月からでした。だから、日本本土への朝鮮人徴用労務者の派遣は、一九四五年三月、下関—釜山間の連絡船の運航が止まるまでの七カ月間で、内地に徴用された朝鮮人労務者はごく少数だったのです。戦後、日本に残留した在日朝鮮人のうち、徴用で日本に来た者は二四五人だったことが、一九五九年の外務省の調べでわかっています。それなのに、韓国は、およそ一二万人の朝鮮人が徴用された、と言い、それを強制動員の被害者と言うのです。ウソは慰安婦だけではありません。

話を戻します。日本の朝鮮半島統治でもうひとつ重要なのは、あとでも金日成《きんにっせい》に関連して述べますが、朝鮮への共産主義の浸透を完全に阻止したことです。つまり、日本の統治下で日本へも浸透しなかったのと同様に、朝鮮半島でも共産主義の浸透を許さなかったのです。それで、モスクワのコミンテルンは、いま延辺朝鮮族自治州のある間島省に朝鮮人の共産党の中心を置いて、中国支部の下に入れます。モスクワから見たら、朝鮮人はあくまでも中国人の下の扱いだったからです。

日本統治下の朝鮮では、共産主義活動はいっさい成功しなかった。だから、日本の敗戦時に朝鮮半島には共産主義勢力もいなければ、反日勢力も一人もいなかったのです。そこで、ソ連は金日成を後押しし、アメリカは李承晩《りしょうばん》を連れてくるのです。そこから戦後の朝鮮半島の歴史がはじまるのです。

女子挺身隊との混同からつくられた従軍慰安婦の幻

国民徴用令の話をしましたから、慰安婦の話もしておかなければなりません。従軍慰安婦という言葉は当時の用語ではなくて、日本政府からお金を取るために、戦後につくられた言葉です。従軍という言葉の意味は、軍属ということで、従軍看護婦や従軍記者という言葉はありましたが、従軍慰安婦はいませんでした。

日本軍の慰安婦のなかで朝鮮人が占める割合は半分以下だったと聞いています。日本人慰安婦もいましたし、その他の民族もいました。朝鮮人以外の女性たちが日本政府に補償を求めたという話は聞いたことがありません。

朝鮮人慰安婦が在籍する慰安婦営業者の半数は朝鮮人で、その運営に日本政府や軍は直接介在してはいませんでした。慰安婦の募集は新聞などの募集広告など、一般公募で行なわれていました。もちろん、だまされて連れてこられた朝鮮人婦女子はおりましたし、拉致・誘拐がいのことがなかったとは言いませんが、女の子をだましたのは娘を売って金に換えたい親や、朝鮮人の女衒《ぜげん》だったこともわかっています。

二〇一四年には、従軍慰安婦問題の発端となった吉田清治の本がでたらめだったこと、朝日新聞がこれを認めたこと、一九九三年に日本軍が慰安婦の強制連行に関与したことを認めて謝った河野談話には裏付けがなかったこと等がすべて表に出た報道を、みなさん興味深くご覧になったことでしょう。

韓国の教科書には、「挺身隊《ていしんたい》」を「日本軍の慰安婦として強制的に従軍した女性たちの隊伍」で、「日本軍人の性的な欲求を解消するためにつくられた性的な奴隷集団である従軍慰安婦を指す言葉」で、二〇万人もいた、と書かれているそうです。

日本人ならだいたい知っていますが、一四歳以上の未婚女性が、学校や職場の各単位で組織されて、軍需工場などに働きに行くという挺身隊が生まれたのは、日本内地では一九四四年八月の「女子挺身勤労令」という法律ができたあとです。

朝鮮でも発布されましたが、労働条件や勤労習熟度が異なるために、実効性をもった法令たりえなかったのです。朝鮮人女性の挺身隊は二〇〇〇名程度ではないかと、李榮薫さんは書いています。

慰安婦を勤労奉仕の女子挺身隊と混同して、「従軍慰安婦問題」で日本に補償を求めてきた各種団体や、これをあおった日本人について、ようやくウソがばれてきたことは喜ばしいことと思います。日本人は朝鮮人がかわいそう、とか、悪いことをした、と思って償うつもりでいましたが、日本人の人の好さにつけこんで、こんなにひどいウソをつかれていたことを知って、がっかりしました。

日韓併合は朝鮮半島の日本化であって、植民地などではなかった

日韓併合は、日本と韓国を合邦してひとつの国にするというもので、日本人が大挙して朝鮮半島に行って侵略して植民地にしたというものではありません。西洋列強の植民地主義とは根本的に異なっているのです。韓国はいま日本から「七奪」を受けたと主張して日本の植民地支配を非難していますが、日韓併合は、韓国の内国化だったので、植民地主義という批判はあたりません。そのことはきちんと認識しておく必要があります。

日本は国内よりも韓国の発展に力をそそいで、財政的な援助やインフラ整備などをしているのですから、「七奪」ではなく「七恩」のほうが正しいのです。日韓併合後に朝鮮がどれだけよくなったのかは、写真を見れば一目瞭然です。日本統治以前とは見違えるくらい近代的になって、東京のどこの街かと思うほどです。日韓併合で日本人は朝鮮を日本のようにしたかったということがこれを見てもよくわかります。

ジョージ・アキタとブランドン・パーマーの『「日本の朝鮮統治」を検証する　１９１０―１９４５』の最後の章で、「朝鮮統治は九分どおり公平だった」とあるので、残りの一分は何だったんだと思いますが、原文は「九分どおり」ではなく「オールモースト・フェア almost fair」です。「ほとんど公平」と翻訳すべきだったのです。

あえて残りの一分は何かといえば、気持ちの問題でしょう。東夷の野蛮人だと思っていた日本人に支配されたから、悔しい、気に入らないということです。

中人階級は四民平等の日本統治を熱望した

そもそも韓国国内にも受け皿がなくては、日本が強制するだけで日韓併合などできるはずがありません。李氏朝鮮の支配階級であった、たった三%ぐらいの両班は、自分たちの特権さえ維持できれば、後ろ盾になってくれる国はどこでもいいという事大主義で動いていました。

親日派になって日本を歓迎したのは中人階級でした。前述したように、李氏朝鮮は五つの階級に分かれていました。両班、中人、常民、賤民、奴婢です。このうち中人階級は漢文が読めて計算もできました。実務派として朝鮮社会の中枢を担っていたにもかかわらず、出身で差別されて権力もお金も持てなかったのがこの中人階級です。

この人たちは、日本がうらやましかった。もし日本のように四民平等になれば、自分たちも教育を受ける権利ができるし、政治にも参画できる。だから、日本を見習って近代化したいというのが、この階級でした。

最初は反日だった知識人が、日本に来てみて親日になるというケースがかなりあったようです。その背景には、日本化しなければ、われわれは近代人になれないという思想的な転換があった。清国にしても日清戦争で日本に敗けたことで、日本に学べとなって大挙して日本に留学してきました。当時の日本は、アジアの近代化の発展モデルになっていたのです。

朝鮮半島の人たちの内面の屈折は理解しておかなければいけない

しかし、日韓併合で日本になったとはいえ、日本人のように天皇陛下の臣下として国民意識を共有できたかと言えば、それは難しかったでしょう。李王朝をよしとしなかった韓国人も多かったと思いますが、彼らの文化、教養の基礎は儒教にありましたから、心中は複雑だったと思います。その意味ではたいへん気の毒だった。私は関西で育ったので、在日朝鮮・韓国人の友人も多くいて、内面に複雑な感情を抱えた彼らの苦しさを肌で感じてきました。

私にはモンゴル人にもウイグル人にも、たくさんの友だちがいますが、相容れないアンビバレントな二つの文化のなかで葛藤してきた人は、文化的にも歴史的にも、何の矛盾も感じてこなかった人間よりも魅力があります。内面に葛藤を抱えていない人はつまらないのです。二重、三重にコンプレックスを抱えて、それをはねのけようとしている男は魅力的です。朝鮮人で日本語を覚えて日本で暮らした男はすごく魅力的だったので、多くの日本の女性が朝鮮人と結婚したのです。

自分のなかに文化的な葛藤を抱えながらも努力して、立派な人になった朝鮮人はたくさんいます。将軍になったり、最高裁判事になった朝鮮の人たちというのは、本当にレベルが高かったのです。その複雑な心境を詩や小説として発表した文学者も優れていて、中国人よりもレベルは高いと思います。

中国人はもともと民族としての意識が希薄なのです。いまでは中国五〇〇〇年の歴史などと言って、漢民族の歴史が続いてきたように言っていますが、それは中国共産党がつくったナショナリズムにもとづくフィクションにすぎません。日本のように連続した歴史を大切にする文化は持っていないのです。

台湾人も文化的な葛藤は少ない人たちです。とくに客家《ハッカ》や福建の人たちは、生活できなくなれば移住することが当たり前の人たちだから、現実的なのです。だから、日本の統治のほうがうまくいくならば、それを歓迎するというところがあります。朝鮮統治と比べて日本の台湾統治がうまくいったのも、その背景には彼らのそうした資質があるのです。

それに比べると朝鮮人は屈折しています。「恨《ハン》の文化」とよく言われますが、隣国にモンゴルやシナの王朝ができて隆盛になると、必ず圧迫され、侵略を受けて大国の属国にならざるをえなかった歴史しか持っていないのです。朝鮮半島の地政学的な位置が自ら歴史を選ぶことのできない制約条件になっていたからです。

それが、日本に併合されて日本人になったときに、はじめて世界でも一流の国民になったわけです。だから、日本人になれて喜んだ朝鮮の人が大勢いたはずなのです。ところが戦後は、そのことが今度は別の意味での屈折になる。このように何重にも屈折せざるをえなかったのがいまの韓国人だと理解しているので、岡田英弘も韓国に関しては、中国よりも下駄を履かせてあげたいという気持ちを強く持ってきました。

明治の日本人も朝鮮をそう思って見ていたから、福澤諭吉にしても、これほど入れ込んだのです。魅力的な朝鮮の人はたくさんいます。能力的に日本人に劣っているわけでもありません。戦後の日本に貢献した人も大勢いたと思います。

歴代の韓国大統領は歴史問題をしつこく取り上げて日韓関係をおかしくさせてしまっていますが、こうした韓国の政治宣伝に巻き込まれて、朝鮮の人に対してヘイト・スピーチをするようなことは避けたほうがいい。朝鮮、韓国の歴史を日本人が十分理解したうえで、立派な人たちはちゃんと評価してあげないといけません。

第8章

南北に分断された朝鮮半島の悲劇

日本の敗戦後、戦勝国民のようにふるまった朝鮮の人たち

朝鮮半島の悲劇は、日韓併合などではありません。問題は戦後なのです。日韓併合のときは、西欧列強の一員となった一等国の日本の国民になれて朝鮮人はじつは本当に喜んでいた。日韓併合を歓迎する記録はたくさん残っています。ところが、日本がアメリカに敗けたとたんに変わり身早く戦勝国の側に立って、勝利者であるかのようにふるまった。日本は朝鮮と戦争したわけではありません。彼らも日本人として戦っていたはずです。それが手のひらを返したような態度に出たのです。しかし、戦勝国民ではないので、第三国人と呼ばれました。

アメリカもそうした朝鮮人を放任した。アメリカは日本占領が激しい抵抗にあうことを覚悟していたからです。沖縄を基地として一年ぐらいかけて占領政策を実行するつもりだった。日本がこれほど平和的に占領を受け入れるなどとは夢にも思っていなかったのです。そこで、日本国内で日本人と対抗できる在日朝鮮人と中国人を第三国人として味方につけようとしたのです。西欧の植民地支配は、デバイド・アンド・ルール（分割統治）が原則です。国内を分断して第三国人と日本人を競わせて支配しようとしたのです。

アメリカの権威をかさにきた朝鮮人は、戦後の混乱をいいことに、駅前の一等地に縄を張っ

て自分の土地にしてしまうなど、やりたい放題に無法のかぎりをつくしました。だからいま日本の駅前には必ずと言っていいほどパチンコ店があるのです。

アメリカの占領下で日本の警察も彼らの犯罪行為を取り締まれなかったので、体を張って日本人を守ったのがやくざでした。それで朝鮮人が多く住んでいた広島や北九州のやくざ組織は勢力を拡大したのです。

李承晩はアメリカをバックに政敵を暗殺して大統領に就任した

一九四五年の日本の敗戦で朝鮮半島は分断されることになります。三八度線をはさんで北をソ連軍が占領し、南はアメリカ軍が進駐したからです。戦後すぐに冷戦が始まってアメリカとソ連は三八度線を軍事境界線として対立し、一九四六年一月には南北の移動ができなくなりました。このため満洲からの日本人引揚者は朝鮮半島を経由して帰ってくることができなくなりました。治安が悪化していたからです。そこで、いったん山東半島や遼東半島に集まって、アメリカの軍艦で帰ってきたのです。

朝鮮半島の南では、ＧＨＱの軍事占領下で、李承晩《りしょうばん》と金九《きんきゅう》と呂運亨《りょうんきょう》の三人が実権争いをして、しのぎを削っていました。李承晩は両班階級ですが、英語はできたのでアメリカに亡命していました。反日活動をしたように言っていますが、口ばかりで何もしていません。日本統治下の経験がなにひとつないので、ただひたすら観念的に日本を悪者にしただけです。

金九は三人のなかでは一番活動した人です。天皇陛下暗殺計画も金九の仕業です。彼は中国との関係もよかった。ところが、最後には李承晩が他の二人を暗殺して、実権を握ります。アメリカとのパイプ役になったわけですが、アメリカとしても李承晩をそれほど評価しているわけではなかったようです。

一九四八年に朝鮮半島南部のみの総選挙で李承晩が初代大統領に就任して、日本が降伏した八月一五日に大韓民国が建国されます。韓国は日本から独立をしたのではなく、アメリカの軍事占領下から独立したのです。このとき、国連も大韓民国を朝鮮半島唯一の合法政府として認める決議案を採決しています。

ソ連が送り込んだ「伝説の金日成将軍」は別人だった

一方、北では大韓民国が成立した翌月の九月に金日成《きんにっせい》が首相となって朝鮮民主主義人民共和国が建国されます。金日成は、朝鮮の三八度線以北を占領したソ連が沿海州から軍艦に乗せて上陸させた人物です。「これが伝説の金日成将軍だ」と言って送り込んだのが、金日成でした。

マッカーサー元帥と並ぶ李承晩。アメリカとのパイプ役となって実権を握った。

金日成神話は、日韓併合の前から存在していて、日本の陸軍士官学校を出た金日成将軍が将来韓国を独立させるといううわさが、そのあともずっと韓国、朝鮮人の間で流れていました。朝鮮では金日成は、反日パルチザンのヒーローだったのです。

真偽は明らかではありませんが、日本の満洲国時代に満洲にいた抗日軍に参加した金日成は、一九四〇年に満洲の警察部隊の前田隊を事実上全滅させたとされています。そうはいっても、前田隊は隊長の前田さんを除くと全員が朝鮮人だったそうです。満洲国の警察に手配されて、金日成の首に懸賞金がかけられて、新聞記事にもなります。

結局、金日成がいた満洲の東北抗日連軍は、日本側の帰順工作や討伐作戦によって壊滅状態におちいり、金日成は上司を置き去りにして十数名の部下とともにソ連の沿海州に一九四〇年に逃げるのです。

戦後、ソ連に越境した金日成を連れて帰ってきたとソ連軍は宣伝しましたが、彼はまだ三三歳の若者で朝鮮語も話せませんでした。朝鮮の人たちも、有名な金日成将軍といえば、白いひげをはやしたおじいさんだと思っていた。それが、実際に現れた金日成将軍があまりに若かったのでみんな驚きます。本当の金日成とパルチザンで一緒だった生き残りで、これは別人だと証言した人間はすべて殺されます。真相は闇に葬られたのです。

いまでも日本では和田春樹氏をはじめ朝鮮史の研究者たちが、金日成主席はパルチザンの金日成将軍だと言っています。しかし、どう考えても、北朝鮮の指導者となった金日成がパルチザンに参加した伝説の金日成であるはずがありません。金日成が北朝鮮に入ってきたのは三三歳のときです。満洲で一九四〇年に組織されたパルチザンの部隊長がどうして一九四五年に三三歳なのでしょうか。北朝鮮ではそんな疑いを口にしたとたんに労働改造所に送られて殺されてしまいます。金日成が抗日パルチザン出身だということが、北朝鮮の指導者としての正統性の根拠になっているからです。

済州島で六万人の島民を虐殺した李承晩大統領

それでは南の李承晩政権はどうだったのかというと、こちらも、その成立の過程で多くの血が流されています。一九四八年に済州島で四・三事件が起きて、朝鮮戦争をはさんで一九五四年までに六万人の住民が殺されました。

事件のきっかけは、南朝鮮が北朝鮮ぬきで単独選挙で建国しようとしたことにあります。単独選挙に反対した左派の島民が四月三日に武装蜂起したのに対して、警察や右派青年団が乗り込んで弾圧し、さらには韓国軍による殺戮へと発展していったのです。

済州島は高麗時代はモンゴルの直轄地でモンゴル馬の放牧地になっていました。その後、流人の島とされてきたこともあって、古い時代から差別を受けていました。政争に敗れた貴人たちが流されてきた島なので、島民は、誇り高く、自立心の強い人たちです。

済州島で従軍慰安婦狩りをしたという吉田清治の証言が真っ赤なウソだというのは、済州島に聞き取りにいったジャーナリストにはすぐにわかったことでした。なぜなら、もし女性が強制連行されたりしたら、済州島の男が黙ってはいない、みんなで袋だたきにして殺すと済州島の人が言っているからです。

それほど気位の高い人たちですから、激しく抵抗した。そのために島民の五人に一人が殺されたのです。こんなことは日本の統治下では一度もなかったことです。

李承晩は、南朝鮮だけの独自選挙に際しても、反対派を六〇〇人も殺害して選挙に勝って、初代大韓民国大統領に就任しているのです。だから韓国でも李承晩は人気がありません。

しかも朝鮮戦争で北朝鮮軍が侵攻してくると、自分だけすぐにソウルから釜山まで逃げています。朝鮮半島の歴代の王たちとまったく同じ行動で、民衆よりも先に指導者が逃げ出すのです。ところが、アメリカを中心とする国連軍が仁川に上陸して反転攻勢に転じると、李承晩はマッカーサーに「原子爆弾を落とせ」と言って、アメリカをあきれさせています。

日本にとっても李承晩は最悪の大統領でした。朝鮮戦争中の一九五二年に、それまで日本の海域を制限していたマッカーサー・ラインに代えて、一方的に李承晩ラインを設定して排他的経済水域を拡大し、日本の漁船を手当たりしだい拿捕《だほ》して逮捕、抑留、銃撃をするなど、やりたい放題でした。この李承晩ラインがのちに竹島を韓国に実効支配される原因になるのです。

南北分断占領は悲劇だったが、指導者の資質にも問題があった

戦後の朝鮮半島における悲劇は、北をソ連、南をアメリカによって分断占領されたことからはじまりますが、南北それぞれの指導者の資質にも大きな問題がありました。李承晩大統領は

1952年韓国政府が一方的に設定した李承晩ライン

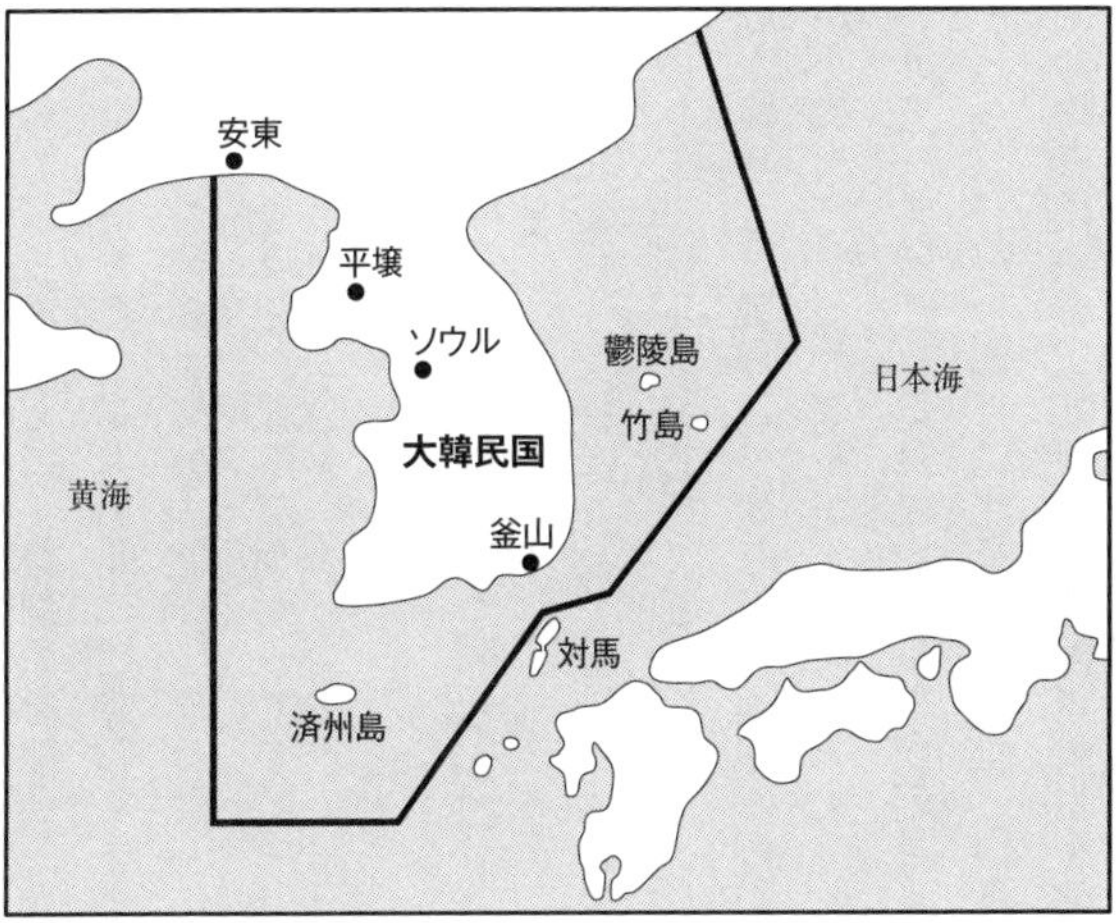

「北進統一」と言い、金日成主席は「国土完璧」と言う。南北どちらの憲法でも相手の国はないことになっている。こうなると、朝鮮戦争が起こるのは必然です。

一九五〇年六月二五日に戦車を先頭に北朝鮮軍が怒濤《どとう》のように三八度線を越えて進軍しました。日本では長い間、朝鮮戦争は南が仕掛けたと教科書にまで書かれていましたが、これは当時の日本では左派勢力が圧倒的に強く、社会主義はすべて善で、資本主義は人民を搾取《さくしゅ》する悪の勢力という図式がまかりとおっていたからです。極端な例で言えば、ソ連の核はきれいで、アメリカの核はきたないとまで言われていたのです。いかにイデオロギーが真実を捻《ね》じ曲げるかという好例です。

金日成がなぜ南を武力統一できると考えた

かというと、前にも述べましたが、北は農業の適地ではなかったことと、鉱物資源には恵まれていたので、日本が北に工業地帯を開発したからです。工場を動かす電力を供給するため、当時では世界最大級のダムを北に建設しています。いまでも北朝鮮が稼働させている水豊《すいほう》ダムです。地上の楽園ではなかったにしろ、南よりも北のほうが近代化が進んでいました。それが金日成が南に侵攻した理由だったのです。

朝鮮戦争のさなかに韓国人同士が殺し合った

緒戦は北朝鮮の圧勝でした。韓国軍は総崩れになって後退します。李承晩大統領は漢江の橋を爆破して、部下を見捨てて自分だけ釜山に逃げます。国連軍司令官マッカーサーの仁川上陸作戦が成功し、戦局は一変して国連軍が優勢になります。そこで李承晩はソウルに戻りますが、彼がその次にやったことがすごいのです。

一九五一年、江華島良民虐殺事件が起こりました。江華島は北朝鮮軍に一時占領支配されていましたが、そのときに北を支援したという理由で島民を虐殺したのです。さらに国民防衛軍幹部の物資横領で、九万人の韓国軍兵士を朝鮮戦争の最中に餓死させています。

その理由は、李承晩が日本嫌いだったからとしか言えません。日本の陸軍士官学校出の将軍が嫌いで、日本の訓練を受けた部隊は嫌いで、日本の息がかかったものはすべて気に入らなかったからです。

朝鮮戦争のさなかに同じ韓国人同士が内紛を起こして殺し合っているのです。敵と戦わなければならないときに、仲間うちの争いが同時に起こるのは、朝鮮半島の歴史のなかで何度も繰り返されたパターンです。在日韓国人のある作家が、自国の歴史は国家存亡の危機のさなかに内輪もめをする歴史だと悔しがっていたことを思い出します。

一九五二年になると、一月に李承晩ラインを勝手に宣言して、日本漁船の拿捕、日本人漁民の殺傷、抑留が頻発します。そして、一九五三年四月には、韓国が竹島を占拠します。どさくさまぎれに自分の利益を見境なく追求するのも、しばしば朝鮮半島に見られる現象です。彼らにとっては火事場泥棒は当たり前なのです。

朝鮮戦争は、一九五三年七月に停戦協定がまとまりますが、これはアメリカが停戦協定に署名しただけで、韓国は承認していません。韓国の要人が署名していないのです。大韓民国は国家としての役割を果たしていません。自国の戦争なのに他人ごとで、主体性がまったくない。だから、北は主体《チュチェ》思想を持ち出して、南の韓国をばかにするのです。

そして、一九五四年には、李承晩大統領が、憲法では大統領は三選できないという規定を撤廃するために改憲案を提出します。これが有名な「四捨五入改憲」です。投票では一票足りなかったにもかかわらず、四捨五入したら賛成多数だとして三選を可能にしてしまったからです。法律はいかようにも解釈できるとする彼らの法治のいいかげんさをよく表す事件です。

日本統治の遺産をすべて焼き尽くした朝鮮戦争

朝鮮戦争は本当に悲惨な戦争でした。韓国軍の死亡、負傷、行方不明者は九九万人。北朝鮮を合わせると死亡、負傷、行方不明者は一九一万人に上ります。米軍だけでも一五万人、中国軍は九〇万人。すべてを合わせると軍人だけで死亡、負傷、行方不明者は三〇〇万人、民間人は二〇〇万人です。日本がシナ大陸を侵略したと言われる一五年戦争（実際はまったく違いますが）と同じレベルです。朝鮮戦争のたった三年間で、日本の一五年におよぶ戦争と同じ程度の犠牲者が出ているのです。軍事技術が飛躍的に進んでいたことを割り引いても、驚くべき数字です。

戦争による破壊によって、南だけで工場、建物の四四％、機械施設は四二％、発電設備の八〇％が被害を受けました。せっかく日本の統治時代に近代化を実現していたのに、その遺産が灰燼《かいじん》に帰してしまったのです。

当時の南北朝鮮の人口は二五〇〇万人。戸数は五〇〇万戸です。全戸数の八割において一名の被害者が出たという割合で、北から一〇〇万人が南へ逃げました。離散家族人口は一〇〇〇万人におよんだと言われます。

北朝鮮軍によって慶尚《けいしょう》南道まで追いつめられた李承晩の政府は、公平できちんとした規範にもとづく徴兵制度を持たず、貧しい村の子弟を手当たりしだい引っ張っていって戦場に送り込みました。

日本はそんなことはしていません。日本の徴兵制度はきちんと機能していました。朝鮮半島での徴兵は戦争末期になってからですし、愛国心にあふれた現地の人たちの志願もあってのことです。徴兵してくれないのは日本人並みに扱ってもらっていないと韓国人は逆に怒っていたほどです。

満洲でも殺戮がひどくなるのは日本が敗けたあとです。中国人同士の国共内戦で、国民党軍と共産党軍が町の取り合いをしながら虐殺を重ねた。このために満洲はめちゃくちゃに破壊されたのです。

朝鮮は中国よりもっと悲惨でした。朝鮮の国土が荒廃したのは、朝鮮戦争が原因であって、日韓併合で荒廃したわけではないのです。米ソという二大国の対立に巻き込まれたとはいえ、彼らは自らが招いた戦争の悲劇の責任の持っていき場を失って、日本統治に投影して日本を非難することで自らを納得させているのです。

その後、南の大韓民国は朴正熙《ぼくせいき》大統領の時代に飛躍的な経済発展を遂げますが、それも日本の援助があってのことです。朝鮮半島は、近隣の大国が隆盛になる過程で、そのおこぼれにあずかる形でしか発展することはないというのも、半島の歴史の法則のひとつです。

第9章

なぜ韓国人は日本を目の敵にするのか

日本の朝鮮統治ではじめてコリアンという意識が生まれた

日本は朝鮮半島に住む人たちを、戦前も戦中も民族としては朝鮮人と呼んでいましたが、英語では「コリアン」と言います。国名としてのコリアの語源は高麗《コリョ》ですが、高麗は高句麗《コグリョ》を継いだことを自負していました。それを英語で言い表したものです。元朝のフビライの時代、ヨーロッパからアジアにやってきたマルコ・ポーロなどが、日本の「ジパング」と同様にこの国名をヨーロッパに伝えたので、高麗は滅びてもヨーロッパではこれをコリアと呼ぶわけです。

朝鮮と韓については、漢字の史料に古くからどちらも現れます。しかし、古い時代に出てくる「朝鮮」も「韓」も、半島を統一した国家ではなく集団の名前なのです。それで南と北は相手と違う名前を選んで、南は大韓民国（略して韓国）と言い、北は朝鮮民主主義人民共和国と名乗りました。ただ英語では、自分たちの民族名をどちらもコリアンと言っています。

しかし、これまでも述べてきたように朝鮮人は五〇〇〇年前からいて、独自の歴史を紡いできたのかと言えば、そんなことはまったくなかったのです。日韓併合のあと、日本が統治した土地のなかで日本人でない人たちがコリアンになったのです。

日本が統治する一九一〇年までは、同じ民族だと国内で意識していたことは一度もありません。両班階級の人間が奴婢階級と自分たちは同じ人間だなどと思ったはずがないのです。朝鮮半島に住む人たちは五つの階級に厳然と分かれていて、下層階級を人間扱いしていないので、民族という自覚はなかったのです。

日韓併合によって日本人が朝鮮半島を統治したことで、彼らは日本人ではないということを理解するようになったのです。民族というのはいまでは当たり前のように言われますが、じつは民族は、基本的に世界中で一八世紀末から一九世紀にかけて国民国家が形成されてからしか存在しない概念なのです。ナショナリズムという考え方も、ネーション・ステートつまり国民国家がなければありません。国民国家は、アメリカ独立戦争とフランス革命まで世界中どこにもなかった国家体制でした。すでにここに何重にも欺瞞《ぎまん》やウソがあるのです。

そもそもコリアンは日本に対抗する概念として生まれているので、日本をライバル視し、日本に勝つことが彼らの存在を確認する手段になっています。同じように中国人も不幸なことに、「天照大神《あまてらすおおみかみ》の子孫の大和《やまと》民族」に対抗して自分たちは「黄帝《こうてい》の子孫の中華民族」であるとして中国という国づくりをしました。「われわれ中国人」としてまとまるのは、日本人が敵のときだけで、敵がいなくなれば国内で権力闘争がはじまります。

このように韓国、中国の反日は、彼らの国が続いているかぎり、あるいは彼らが自分たちを民族と思っているかぎり、未来永劫《みらいえいごう》続くと思ったほうがいいでしょう。

朝鮮半島が独自の歴史を成立させた時代は一度もなかった

朝鮮半島だけで歴史が成り立った時代は一度もなく、つねにその領域も支配層も入れ替わってきています。倉山満氏が『嘘だらけの日韓近現代史』（扶桑社新書）で書いているように、朝鮮半島は「場」（Theater）ではあっても「主体」（Actor）ではなかったのです。自分たちが主体となって歴史を動かして、社会を変えてきたわけではありません。

ところが、マルクス主義に影響された戦後の朝鮮・韓国人や日本の左翼は、朝鮮は自立的に発展してきたと言う。現在の朝鮮半島は独自の発展過程を経てきたと解釈するのですが、歴史を検証していけばそのような事実はまったくなく、完全にファンタジーの理論にすぎません。朝鮮半島は地政学的な条件によって、隣接する大国との関係のなかでの興亡という、外的要因によって国がつくられてきた歴史しかないのです。

戦後の日本が、こうした朝鮮半島の歴史の成り立ちと矛盾を理解していなかったことも事態を複雑化させています。彼らから無理難題を押しつけられた政治家は、きちんと反論することもせずに妥協して事態を鎮静化させることしかしてこなかった。また、朝日新聞を筆頭に、日本のマスコミは、反政府、反権威を自分たちの立場として反日をあおってきた。今日の日韓関係の悪化は自らまいた種でもあるのです。

南北朝鮮の建国そのものがフィクションで成り立っている

繰り返しますが、日韓併合以後の三六年間、日本統治下の朝鮮半島では近代的な国家建設が進みました。朝鮮の人たちも一流国の国民になれたことを喜んで、生活水準も上がり、人口も増えていった。それが日本の敗戦で、日本を見限って、それまで日本人として生きてきたことを隠さなければならなくなった。

その時々に最も強いほうの属下に入る（事大主義）ことで生存をはかってきたので、日本にいた朝鮮人の一部は、戦勝国の側に立って、あたかも日本との戦争に勝った民族であるかのようにふるまった。しかし、彼らは決して日本に勝ったわけではありません。そこに戦後スタートした南北朝鮮の体制が抱える根本的な矛盾があるのです。

韓国では毎年八月一五日を「光復節《こうふくせつ》」として祝います。一九四五年八月一五日の日本の敗戦と同時に植民地から解放されて民族として独立したというのが「光復」の意味ですが、これは真っ赤なウソで、このとき独立などしていないのです。

朝鮮半島はヤルタ会談で決まったとおりに、北はソ連、南はアメリカの占領下に置かれます。ところが、戦後すぐに米ソ冷戦がはじまり、東西の対立が激化していきます。そこで韓国は南単独の選挙によって李承晩大統領を選出して一九四八年にアメリカからの独立を果たします。

決して日本から独立したわけではないのです。韓国は独立戦争で勝ち取られた国ではないために、国家の正統性がありません。そこで、ウソの「歴史認識」を捏造して自らをだまし続け、日本にもそれを認めさせようとやっきになるのです。

北朝鮮も韓国も、日本と戦って植民地支配を脱却して独立したというフィクションの建国神話で成り立っています。そのフィクションに従えば、少なくとも反日パルチザン活動をしていたとされる金日成が建国した北朝鮮のほうに正統性があることになります。

いま韓国で親北派が勢力を伸ばしているのも、国家としての正統性は北のほうが優位だからです。韓国の朴槿恵《パククネ》大統領が反日政策をとったのも、親日派とされる父親の朴正熙大統領のイメージを打ち消す必要があることと同時に、反日こそが国家の正統性を高めるからなのです。だから誰が大統領になっても反日をやめられないのです。北朝鮮も反日をやめられない。反日が自国のアイデンティティの基礎になっているからです。北朝鮮と韓国はどちらがより反日かによって正統性を競い合う構造になっているのです。それはウソを競い合っているのと同じです。よりウソをついたほうが正統というおかしなゲームのルールで両国は競争しているのです。

日本人ならば歴史の矛盾にすぐ気づいて対応をとるでしょうが、朝鮮半島ではウソでもなんでも主張したほうが勝ちの世界ですから、史実がどうだろうと関係ないのです。韓国はいつも歴史認識問題を日本につきつけますが、彼らは本当の歴史になど興味はありません。自分たちのほうが正しいということを主張するために歴史を持ち出しているだけなのです。

ヤルタ・ポツダム体制が中国、韓国のウソを補強している

韓国人と中国人を説得することは不可能です。彼らが説得されるということは、自分自身の歴史を否定することになるからです。彼らを相手に議論することほど不毛なことはありません。しかし、世界の他の国の人たちには本当のことを知らせなければいけません。ところがアメリカは、戦後世界の秩序を決めたヤルタ・ポツダム体制を維持するためには、韓国や中国の言い分のほうがアメリカにとっても都合がいいので、彼らの主張に加担することになります。実際にオバマ大統領が韓国を訪問したときに、従軍慰安婦の問題を深刻な人権侵害だと述べて、朴槿恵大統領に同調しました。戦後体制そのものが韓国、中国のウソを補強する仕組みとなっているのです。だから、韓国人はアメリカで反日運動をし、中国人もまたふつうのアメリカ人をだまして反日的な歴史観を植えつけようとしています。そのために歴史をめぐる世界情勢では日本に不利になっているのです。

しかし、アメリカ人は理をつくして説明して納得すれば、それまでの態度を改めて行動する人たちなので、日本人はきちんと説明することが非常に重要です。その意味では、日本の外務

省の怠慢は問題です。韓国、中国の政治宣伝に対して、そのたびにきちんと説明してこなかったことが今日の日本の立場を弱いものにしているのです。また、日本の政治家も外交の場で、覇気を持って堂々と主張すべきは主張することが重要なのは言うまでもありません。

しかし、世界に説明する前に、日本人がGHQの占領政策以来の間違った歴史ばかり教えられてきたことを糺《ただ》さなければなりません。日本人自身がこれまでの歴史をきちんと理解しておく必要があるのです。したがって、私の学者としての使命は、まず日本人のマインド・コントロールを解くことにあります。

これは外交や政治とは別の問題です。外交や政治は弁論のみならず駆け引きや妥協も必要でしょう。しかし学者は、史料を調査研究することで、かろうじて見えてくる史実にもっとも近いと思われる歴史を提供する。それをどのように使うか、あるいはどのように考えるかは個人の自由です。韓国や中国とは違って、日本は本当に自由な社会で、誰がどんなことを考えても自由です。しかし、その自由な思考の材料になる歴史の真実だけは提供したい。これこそが私の学者としての使命だと思っています。

第10章

補遺　松本厚治『韓国「反日主義」の起源』に見る韓国人のアイデンティティ

日本でようやく、韓国近代史の実証的な研究書が刊行された

第7章でも題名だけ紹介していますが、『韓国「反日主義」の起源』（草思社、二〇一九年）の著者、松本厚治氏（一九四四年生）は、東大卒で通産省のお役人でした。大学時代から東洋史にも関心があったそうで、中国語や韓国語も勉強していましたが、一九八二年から約三年間、在韓国日本大使館に赴任しました。そのときの現地における経験から、ちまたに流布している韓国近現代史に大いなる疑問を抱きました。その後、オーストラリアなどの赴任先や、中国、台湾、東南アジアなどに出張したときにも文献を集め、その研究成果を、韓国語、中国語、英語などの出典を完璧に注記して根拠を示しながら、六五〇頁もの大著にまとめられたのです。

私がとくに感心したのは、日韓併合時および戦後についても、韓国人自身が書いた文章をたっぷり引用して論じていることです。私は自分では調べておらずハングルを読むこともできないので、イデオロギーから離れて真実を追究する、このように信頼できる実証的な研究書が出たことに、心から感謝しています。本書の第7章で私が史実として説明したことを裏づける文献がたくさん並んでいて、私はどんなに嬉しかったことでしょう。

ただ、あまりに大著ですので、誰でも簡単には読めないと思います。著者本人が、一般の日本人のために拙著のようなわかりやすい本を書いて下さるのがもっともいいのですけど、それ

ができたとしてもまだ何年も先になるでしょうから、とりあえず、一日も早く日本人が知っておいたほうがいい話を、私がここで紹介したいと思いました。

私も利用しましたが、著者本人がインタビューに答えた二本のエッセイを、入門としてお薦めします。一つ目は、「韓国のウソに立ち向かえ」(『W・i・L・L』二〇一九年九月号)、二つ目は、「韓国の「反日主義」はどこから生まれたのか」「日本の朝鮮統治とは何だったのか」(『明日への選択』令和二年五月号、六月号)です。

近代になって日本人が見出した韓国の伝統文化

さて、松本氏は経済担当で韓国に赴任したわけですが、一九八〇年代でも、日本の通産省にあたる韓国の商工部のオフィスのレイアウトから机の配置まで、通産省とほとんど同じだったそうです。韓国政府は朝鮮総督府を引き継いだので、じつは行政文化や組織の大枠や課の配置までが日本とそっくりだというわけです。

韓国では、一九五〇年代後半から六〇年代の初めまで、日本統治時代の法律が「移用」されました。その後も日本の新しい法律をすべて翻訳し、特殊法人も日本のまねをしています。これを「日本資料」と呼びます。松本氏は、韓国は世界でもっとも日本に似た国だ、と言っています。

　現在「韓国の伝統文化」と呼ばれるものの大半は近代以降に日本人が見出した、ということは、松本氏だけでなく多くの日本人が言っていることですが、韓国の歴史教科書の口絵にある、新羅時代の慶州の石窟庵の仏像は、一九〇九年、日本人の郵便配達夫が雨宿りのために洞窟に入り、雨ざらしになっていた仏像を発見したものです。日本人が大騒ぎをして、総督府が大がかりな工事をして保全に力を尽くしました。李氏朝鮮は仏教に敵意を持つ硬直的な儒教国家で、多くの仏像が見つかりしだい破壊されていましたから、現存するものは非常に少ないのです。

　一九四〇年には、十五世紀に書かれた諺文《オンモン》（ハングル）制作のいわくを記した「訓民正音解例本」が、慶尚北道の民家で裏紙として使われていたのを見つけました。いまは国宝ですが、これが李朝の時代だったら紙くず同然に扱われたでしょう。

　朝鮮陶磁の美を見出したのも日本人で、はるか昔に滅びていた青磁の技術を、日本人の実業家富田儀作が私財を投じ、十年の歳月をかけて復活させました。今日の青磁は、伝承の技ではなく、富田が復元した技法によってつくられたものです。

　朝鮮の古代語で書かれた「郷歌」は、新羅・高麗の時代に詠まれていた歌謡ですが、わずか二十五首しか伝わっていません。この研究をしたのも日本人小倉進平です。もともと東大の助手で万葉集の表記法の研究をしていたのですが、総督府に勤めるかたわら、一人で孤独な研究を続けました。朝鮮語が科学的な研究の基盤を得たのは、彼の献身的努力の賜物です。

漢字ハングル交じりの近代韓国語の成立に決定的な役割を果たしたのは、私も書きましたが福澤諭吉でした。福澤は、築地活版所に特注して私費で諺文の活字をつくり、それを持たせて、書生をしていた当時二十三歳の井上角五郎を朝鮮に派遣します。従来の朝鮮語には国際政治や経済、あるいは近代的な学問などを記述できる語彙がなかったので、新聞を発行するにあたって、日本語をモデルにするしかありませんでした。性質の違う文字を混用する文、構文や語法、文体、句読点やかぎ括弧なども、日本語を転写したものです。新たな朝鮮語は、新しい民族の言葉を持とうという内発的な意識からではなく、朝鮮を開化の仲間に引き入れようとした日本の啓蒙思想家の理想が結実して生まれたのです。民族形成の基盤は日本がつくった、いわば韓国そのものが日本から出発したと言えます。

一度は日本人になった朝鮮人がいきなり独立させられた

日韓併合時代、韓国の国民は日本の統治をそれほど悪いものだとは思っていませんでした。抗日は事実上存在しなかったのです。併合前から日本化すなわち近代化がはじまっていましたが、併合後は生活や意識の日本化が進んでいきます。一九三〇年代からは、日本国民としての意識が高まり、精神の軸が日本に移っていきました。それまであまり使われていなかった昭和の年号が手紙に書き入れられるようになり、それまで「日本軍」と書いていた朝鮮語新聞も、「皇軍」「わが軍」と言い換えるようになりました。女の子の名に「子」の字がよく用いられるようになり、多くの人が和風の氏を創りました。

同化が進み、皇民化が最高潮に達しようとしていたまさにそのとき、思いもよらない日本の敗戦によって、突然「解放」が訪れました。日本は悪い国で、正義の国アメリカがそれを征伐したのだ、という世界観に適応する以外、朝鮮人には進む道がありませんでした。日本にあらかた同化し、日本国民として戦争に参加した人々が、日本を大声で糾弾しつつ、何食わぬ顔で被害者の席に潜り込む、そうするほかに国を成り立たせる術がなかったのです。

日本が来る前の漢文化の世界は、ほんの一握りの士人のものですから、日本人でなくなった朝鮮人には民族の心のよりどころがなく、帰るところがありませんでした。それで、国が主導して仮想現実のような歴史を創ることになりました。

韓国の国史編纂にあたっている学者たちは、このように言っています。「客観的な考証や実証では歴史の真実は把握できない、真の歴史とは国民の愛国心を呼び起こすものでなければならない」「歴史は科学ではなく信仰である」

つまり、韓国の本質は、日本を邪悪とする観念の上に築かれたイデオロギー国家であるということです。それも、その「日本の邪悪」は、親から子へ口伝えで伝えられた民族の体験ではなく、反日国家が、子供の白紙の心に墨汁で書き込んだ、信仰の教義なのです。

韓国の反日イデオロギーは朴正熙大統領の苦渋の判断

初代の韓国大統領李承晩は、たくさんの反日政策を実行しましたが、国民の反日意識をうち固めたのは、日本の陸軍士官学校を出て満洲国軍中尉として終戦を迎えた朴正熙大統領だと松本氏は言います。

朴正熙大統領は、日本人のような内面世界を持っていた人ですが、よりどころを失った国民を一つにまとめていくためには、反日を核とした民族主義を宣揚するしかないと結論しました。内鮮一体の道を突き進み、「日本に精神的故郷をおき」「九割方日本人」だった人々が、「民族をあげて日帝の支配に対して闘ってきた結実」が「光復」であるという、一八〇度真逆の歴史が書かれることになりました。つじつまを合わせるためには、みなが無理やりさせられたことにするしかありません。抗日史が無事成り立つためには、これらの反民族行為の責任を一括引き受けてくれる「強制する日本」が存在しなければなりません。加害国日本あってこそ、被害国韓国があるのです。

韓国は日本の影響を受けたどころではなく、日本から出発しました。この根源的な矛盾をかかえる国は、その矛盾を無いことにするため、全方位で攻勢防御のスタンスをとり、歴史を反転させたのです。韓国は、自らの存立のために反日するのです。「反日しない自由」を持たない国なのです。

日本がこれから韓国に対してやるべきこと

朴正熙大統領の時代には、この反日イデオロギーは表向きの約束事でした。朴大統領はもちろん、日本の統治を経験した国民も、このことはわきまえていました。しかし、その後、実際を知っている人がいなくなり、反日イデオロギーが自己運動を始めています。

戦後七〇年吐かれ続けてきた数知れぬウソが、韓国人の怒りの情念をかき立てているのです。反日主義は、形而下では親日の実態を持つ国の、存立の基盤を掘り崩す凶器と化しています。このへんで、「波風が立っていなければよし」とする日本外交の発想を変えなければなりません。

どうすればいいのでしょうか。松本氏の案は卓越しています。具体性があってわかりやすいテーマを、日本側から突きつければいいというのです。

まず、日本法が移用され、継受されていった過程を示し、韓国学の土台をつくった日本の学者の業績に光をあてます。韓国の近代文学のかなりのものが日本の作品の翻案であることも、具体的に指摘します。テコンドーが空手から派生したこと、韓国の剣道（コムド）や茶道（サド）が日本から想を得たものであることなどを、パンフレットや動画チャンネルなどを通じて徐々に韓国に浸透するようにし、あわせて韓国の公教育にそれらを反映するように公式に要請するのがいいというのです。

当然否定し、反撃してくるでしょうが、かまいません。当面は冷戦時のデタントのようなものが実現できれば上々です。いずれにしても長い戦いになることは避けられませんが、そのために、日本国民も真実について知識を持つ必要があります。

慰安婦像の撤去を求めるだけでなく、日本も銅像を建てるのはいかがかと言っています。

金玉均ら独立党の志士が福澤諭吉を囲んで教えを乞うている場面などは銅像に向いています。井上角五郎がハングル活字を持って朝鮮の地に上陸した像もいいでしょう。これなら、在日韓国大使館の前に置いても、ウィーン条約に違反しません。

甲申事変で日本の兵士が独立党の志士を守って戦死するところ、富田儀作が青磁を復元し、小倉進平が朝鮮の寒村で方言調査をし、空手道場松濤館の館長がのちテコンドー元老となる李元国に稽古をつけている場面等々、銅像にならなくても、こうした光景が多くの日本人の脳裡に自然に浮かんでくるような状況にする必要があるのです。

こうした具体的な史実をつきつけられることは、虚構の上に築かれた反日国家の急所を直撃するもので、韓国にとってじつはこれが一番痛い。ボディブローのように効いてくるだろうということで、これこそが日韓関係正常化の近道だと、松本氏は結論づけています。

「理性の反日と感情の親日」というパラドックス

本章の最後に、松本氏の著書を読んで、私があらためて気づき、心が揺すぶられたことを述べたいと思います。

「理性の反日と感情の親日」という節で、少年期に終戦を迎え、その後の反日化の過程を身をもって経験した韓国の言論人が、内面の葛藤を書いている部分です。そのうちの一人が、終戦後四〇年もたって日本にやってきます。

「成田空港に降りた時、初めて足を踏み下ろした他国なのに、私は全くよそよそしく思えなく、むしろ昔いくども見たような懐かしい風景に、何となく親密感さえにじみ出ているように思えた」「植民地下の少年時代が懐かしさになって蘇るなんて。その支配民族の文化が郷愁のように感じられるなんて」

日本人として育ったのに、ある日突然、祖国がじつは敵だったと知らされるなんて、あまりにもひどい人生ではないでしょうか。一九四五年の日本の敗戦時には、一九一〇年からあと、日本人として生まれて育った国民が多数になっていたはずです。

それなのに、日本との別れは、何の余韻も残らない、とりつくしまもないものとなりました。一時点をさかいに反日国家の国民となった人々は、内面世界においてさえ、愛する日本と訣別しなければならなかったのです。

戦後の日本と日本人は、自分たちのことに一所懸命で、帰属する国をなくしたかつての同胞の心を、思いやることもなく過ごしました。

私はかなり前から、一度は日本になった朝鮮半島と台湾の歴史を日本史として教えないのはおかしい、と言っています。満洲国も、日本ではなかったけれども日本人がたくさん国造りに参加したのだから、現地に「負い目」があるのではなく、宗主国として日本には永久に「責任」がある、と考えるべきだと思います。

私はこれまで、朝鮮・韓国史を調べてきて、日本の明治維新のときのような偉人が歴史上一人もいなくて、テロリストしか顕彰できない悲しい歴史だ、と思ってきました。でも、そうではなくて、近代化に尽くした立派な先人ももちろんいたのです。でも全員が親日だったから、その人たちを歴史から抹消することしかできなかったということがわかり、さらに哀れになりました。

ウソは永久には続きません。ゆがめられた過去の正体をつきとめ、自由な議論ができるような国にすることを手伝うほうが、長い目で見たときには相手のためではないでしょうか。

新装版へのあとがき

本書の元版が出たのは二〇一四年です。つい先頃、同じ「ニュー・クラシック・ライブラリー」の一冊として新装版が刊行された『かわいそうな歴史の国の中国人』の直後に、では韓国も、ということで、徳間書店の旧知の編集者、力石幸一さんが、古い友人の花田成一氏が主宰する「東アジア歴史文化研究会」で私が行なった二度にわたる講演を文字起こししてくれたものが元になっています。中国人とのつき合い方を軸にした前書と趣旨はかなり異なり、高麗から第二次世界大戦後までの朝鮮半島の通史です。

モンゴル史研究者の私が、朝鮮・韓国史について発言するようになったきっかけは、『モンゴルの歴史　遊牧民の誕生からモンゴル国まで』（刀水書房、二〇〇二年、増補新版、二〇一八年）を書いたことからです。戦前の満蒙研究や満鮮研究を、日本の大陸侵略の手先になった時代遅れの学問だと、現代中国のみならず戦後の日本の東洋史学界はたいそう非難してきましたが、じつはこれらの言葉には意味があり、満洲とモンゴルの境界も、満洲と朝鮮の境界も、きわめてあいまいであることがわかった私は、このあと『世界史のなかの満洲帝国』（ＰＨＰ

新書、二〇〇六年、二〇一〇年にワックから『世界史のなかの満洲帝国と日本』として再版、PHP新書は二〇一四年に電子書籍化）を刊行し、続いて『韓流時代劇と朝鮮史の真実』（扶桑社、二〇一三年、増補版『朝鮮半島をめぐる歴史歪曲の舞台裏』扶桑社新書、二〇二〇年）を刊行しました。

それでも専門ではないから積極的に朝鮮史に取り組む気持ちにはならなかったのですが、仕事仲間で親友の倉山満氏に励まされて対談し、『真実の朝鮮史［1868―2014］』『真実の朝鮮史［663―1868］』（ビジネス社、二〇一四年、二冊から抜粋した合本『残念すぎる朝鮮1300史』祥伝社新書、二〇一八年）を共著で出しました。

本書はこれらの積み重ねでできているのですが、その後、心底感動した素晴らしい本が刊行されましたので、新装版では、その書物、松本厚治『韓国「反日主義」の起源』（草思社、二〇一九年）の内容を、第10章で詳しく紹介して、増補版としました。

松本氏も言うように、ゆがめられた過去の正体をつきとめ、ウソが大手を振ってまかり通るような状態に終止符を打ち、自由な議論ができるようにしなければなりません。韓国だけでなく、日本の言論界も変わってくれることを心より願っています。

二〇二〇年七月

宮脇淳子

関連年表

◎開国した日本と朝鮮の関係

一八七一年　日清修好条規調印。七世紀末日本国が誕生してから初めてシナ政権と正式な条約。

一八七三年　朝鮮王高宗《こうそう》の父の興宣大院君《こうせんだいいんくん》が追放され、高宗の王妃の閔妃《びんひ》が実権を握る。

一八七三年　征韓論。明治六年政変ともいう。明治政府が朝鮮に派遣した使者が「皇、勅の字を使うのはけしからん」と追い返されたことに端を発し、大久保・岩倉と西郷・板垣・江藤が対立。

一八七五年　日本海軍の測量船雲揚号《うんようごう》が朝鮮の江華島《こうかとう》から砲撃を受けて応戦、砲台を一時占拠。

一八七六年　日本が日鮮修好条規（江華島条約）を朝鮮と結び、清の宗主権を否定する。

一八八〇年　日本が朝鮮の首都ソウルに公使館開設。

一八八一年　李鴻章《りこうしょう》が朝鮮関連の事務を礼部から北洋大臣（自分）に移し、外交を取り上げる。

一八八二年　大院君の扇動で、日本主導の軍制改革に不満な兵士による抗日暴動がソウルで発生、日本公使館が襲撃され日本公使館員らが殺害される（壬午事変《じんご》）。これにより閔妃一族の政権が崩壊、大院君が政権に返り咲く。清は軍を派遣してソウルを占領、日本は謝罪使の派遣と駐兵権を認めさせた（済物浦《さいもっぽ》条約）。

一〇月、李鴻章が朝鮮と「商民水陸貿易章程」を結び、袁世凱《えんせいがい》を派遣して監督させる。

一八八四年 ベトナムの保護権をめぐって清国とフランスの間に清仏戦争が起こる。
一二月、金玉均《きんぎょくきん》ら朝鮮の親日的な急進改革派が日本の支援を得て閔氏政権を倒し親日政権を樹立、中国との宗属関係を否定した。しかし袁世凱率いる清軍によって再び閔氏政権が再建され、日本公使館は焼き打ちにあい、日本人数十名が殺され、金玉均らは日本に亡命（甲申《こうしん》政変）。

一八八五年 四月、伊藤博文と清の北洋大臣李鴻章が、両国軍隊の朝鮮からの撤兵、将来朝鮮に派兵する際には必ず事前に相手国に通告することを定めた天津条約を締結。

五月、イギリスがロシア極東艦隊の通路を塞ぐため、対馬海峡に面した巨文島《きょぶんとう》を占領。

六月、清仏戦争が終結。フランスのベトナムに対する保護権が明示され、清は宗主権を放棄させられた。

一〇月、清が「化外《けがい》の地」と見なしていた台湾を省にする（前年フランス艦隊が台湾を封鎖した）。

一八八八年 朝鮮が東京に公使館を開設。

◎日清・日露戦争にいたる日本と朝鮮半島の関係

一八九四年　三月、全羅道《ぜんらどう》で東学党の乱起こる。金玉均が上海で閔妃の刺客に暗殺され、遺体は清の船で運ばれ五カ所で晒されたので、日本人激昂。一方、朝鮮政府は乱の鎮圧のため袁世凱に清軍の派遣を要請。

六月、清軍が朝鮮に上陸、天津条約の取り決め通りに通告された日本も朝鮮に派兵。

七月、日本は王宮を占領し閔氏政権を倒し、大院君をかついで親日的な内閣を組織させる。

八月、日清両国宣戦布告。

九月、平壌の戦いで清の北洋陸軍壊滅。黄海の海戦で日本艦隊が決定的勝利を収める。

一〇月、日本軍は鴨緑江を渡り、翌月には旅順を占領。


一八九五年　一月、日本軍は山東半島に上陸して威海衛《いかいえい》を占領。丁汝昌率いる清の北洋艦隊が降服。

四月、下関の春帆楼《しゅんぱんろう》で日清講和条約締結。清の全権大臣は李鴻章、日本は伊藤博文首相と陸奥宗光《むつむねみつ》外相。同月二三日、露・仏・独の三国干渉により日本は遼東半島を清に返還。

一〇月、朝鮮に赴任直後の三浦梧楼《ごろう》公使が手下を連れて王宮に乱入し、閔妃を殺害。

一八九六年　ロシアは朝鮮王高宗をロシア公使館に移し（露館播遷《ろかんはせん》）、親日的改革派を殺害させる。

一八九七年　同年、日本が仮契約した京仁《けいじん》線の敷設権が反古に、朝鮮鉄道も標準軌から広軌へ変更。
　ロシア公使館から王宮に戻った朝鮮王高宗が、国号を韓と改め皇帝を名乗る。
一八九八年　ロシアが、東清鉄道の中間のハルビンから旅順、大連に至る南満洲支線の敷設権と関東州の租借権を得る。南満洲支線から朝鮮の国境を結ぶ支線の敷設権もひそませる。
一八九九年　五月、ロシアは朝鮮の馬山浦《ばざんほ》に軍艦三隻を入港させ、土地を購入して石炭庫を建設。一方朝鮮の鉄道の敷設権は最終的には日本が得て、渋沢栄一《しぶさわえいいち》らの努力で京仁鉄道合資会社設立。
　同年、仁川《じんせん》と永登浦《えいとほ》間が開通し、朝鮮の鉄道がはじまる。一九〇〇年、京仁線完成。
一九〇〇年　義和団の乱。混乱収拾を理由にロシアは満洲を占領。
一九〇二年　日英同盟締結。
一九〇三年　五月、ロシアは朝鮮の竜岩浦《りゅうがんほ》を租借し、鴨緑江を越えて森林伐採事業を行なう。
一九〇四年　二月、日露戦争勃発。同一二日、韓国皇帝は中立声明を発しようとしたので、日韓議定書を調印（韓国政府は日本政府の施政改善の忠告を受け入れる。日本は韓国皇室の安全康寧を保障する）。
　八月一〇日、黄海海戦。同二二日、第一次日韓協約調印（日本政府の推薦する日本人一人を財務顧問に、外国人一人を外交顧問に。韓国の外交は日本が担当し、日本人駐箚官を設置する）。

一九〇五年　五月、日本海海戦で日本の連合艦隊はロシアのバルチック艦隊を壊滅させる。

七月、桂＝タフト協定。日本がアメリカのフィリピン支配を認める代わりに、アメリカは日本の韓国支配を認める。

八月、第二次日英同盟。イギリスは日本の韓国支配を認める代わりに、同盟条約の適用範囲にインドを加えることを要求。

九月、ポーツマスで日露講和条約（日本の韓国保護承認）。

一〇月、ポーツマス条約批准。

一一月、第二次日韓協約（韓国保護条約）。一、日本の統監が韓国に駐留する、二、韓国と列国の外交は東京で行なわれ、韓国の在外外交機関はすべて廃止する。まもなく初代統監の伊藤博文が京城に赴任した。

一九〇七年　六月、高宗がハーグの万国平和会議に密使を送り日本を非難。韓国統監伊藤博文は高宗を譲位させる。

七月、第三次日韓協約。韓国政府は、法令制定、重要行政処分、高等官吏任免に日本人統監の承認を必要とする。日韓両国人による裁判所新設、監獄新設が行なわれ、日本人多数が韓国官吏に任命される。

八月、韓国軍隊の解散により各地で抗日反乱。

一九〇九年　六月、伊藤博文は統監を辞任。
一〇月、伊藤博文、ハルビンで安重根に暗殺される（新説あり）。

一九一〇年　五月、寺内正毅が韓国統監となり軍事・警察の実権を掌握。
八月、日本が韓国を併合。

◎朝鮮半島の戦後と朝鮮戦争

一九四五年　日本の敗戦後、三八度線が軍事境界線になる。

一九四六年　一月、南北間の人の移動ができなくなる。南はGHQの軍事占領下で李承晩と金九と呂運亨がしのぎを削り、李承晩が二人を暗殺。北はソ連が三三歳の金日成（本名金成柱）を沿海州から軍艦に乗せて上陸、傀儡政権をつくる。

一九四八年　済州島で四・三事件（李承晩による島民の大虐殺、六年間で六万人が虐殺された）。
五月の総選挙で六〇〇人が殺された後、
八月に李承晩を初代大統領とする大韓民国の樹立宣言。
九月、朝鮮民主主義人民共和国建国。李承晩は「北進統一」、金日成は「国土完璧」を唱える。

一九五〇年　六月二五日、北朝鮮の奇襲により朝鮮戦争が勃発、李承晩は漢江の橋を爆破して撤退、釜山に逃げる。国連軍司令官の仁川上陸作戦が成功し、李承晩はソウルに戻る。
一九五一年　江華島良民虐殺事件、国民防衛軍幹部の物資横領により九万人の韓国軍兵士が餓死。
一九五二年　一月、李承晩ラインを宣言、日本漁船の拿捕、日本人漁民の殺傷・抑留が頻発する。
一九五三年　四月、韓国が竹島を占拠。
七月、朝鮮戦争停戦協定締結。大韓民国の要人は署名していない。
一九五四年　四捨五入改憲。三選できない大統領任期を撤廃する改憲案可決に一票足りず、四捨五入で改憲を成立させる。
一九六〇年　四月、李承晩大統領は四・一九革命で失脚し、ハワイに亡命。
八月、尹潽善《ユンボソン》大統領が国会議員の間接選挙によって選出される。
一九六一年　五月、五・一六軍事クーデターで国家再建最高会議が政権を掌握し、憲法停止に。
一九六二年　三月、国家再建最高会議議長となった朴正熙《パクチョンヒ》によって軍政に移行。
一九六三年　一二月、新憲法のもとで民政に復帰し、朴正熙が大統領に就任。
一九七九年　一〇月、朴正熙大統領暗殺。統一主体国民会議による間接選挙で崔圭夏《チェギュハ》が大統領に選出される。
一九八〇年　五月、粛軍クーデターを起こした全斗煥《チョンドファン》・盧泰愚《ノテウ》らによって、軍部が政権を掌握。崔圭夏大統領は辞任。

九月、統一主体国民会議による間接選挙で全斗煥が大統領に就任。

退任後に死刑判決（高裁で無期懲役に減刑され、のちに特赦）

一九八八年　二月、憲法改正により直接選挙によって盧泰愚大統領を選出。

退任後に軍刑法違反で懲役刑（のちに特赦）

一九九三年　二月、金泳三《キムヨンサム》が大統領に就任。

一九九八年　二月、金大中《キムデジュン》が大統領に就任。

在任中にノーベル平和賞を受賞。

二〇〇三年　二月、盧武鉉《ノムヒョン》が大統領に就任。

在任中の収賄疑惑により退任後に捜査を受け、投身自殺。

二〇〇八年　二月、李明博《イミョンバク》が大統領に就任。

退任後、在任期間中の裏金上納や賄賂授受の嫌疑によって逮捕される。

二〇一三年　二月、朴槿恵《パククネ》が大統領に就任。

弾劾追訴により、憲法裁判所が弾劾妥当の決定を下したことにより失職。退任後収賄疑惑によって逮捕される。

二〇一七年　五月、文在寅《ムンジェイン》が大統領に就任。

宮脇淳子（みやわき じゅんこ）

1952年、和歌山県生まれ。京都大学文学部卒業、大阪大学大学院博士課程修了。博士（学術）。専攻は東洋史。大学院在学中から、東京外国語大学の岡田英弘教授からモンゴル語・満洲語・シナ史を、その後、東京大学の山口瑞鳳教授からチベット語・チベット史を学ぶ。東京外国語大学アジア・アフリカ言語文化研究所共同研究員を経て、東京外国語大学、常磐大学、国士舘大学、東京大学などの非常勤講師を歴任。現在、昭和12年学会会長、公益財団法人東洋文庫研究員としても活躍。著書に『封印された中国近現代史』（ビジネス社）、『朝鮮半島をめぐる歴史歪曲の舞台裏』（扶桑社）、『中国・韓国の正体』（ＷＡＣ）、『最後の遊牧帝国』（講談社）、『どの教科書にも書かれていない 日本人のための世界史』（KADOKAWA）、『かわいそうな歴史の国の中国人』『日本人が教えたい新しい世界史』『満洲国から見た近現代史の真実』『皇帝たちの中国史』（徳間書店）などがある。

悲しい歴史の国の韓国人

第1刷　2020年7月31日

著者／宮脇淳子

発行人／小宮英行

発行所／株式会社 徳間書店　〒141-8202　東京都品川区上大崎 3-1-1　目黒セントラルスクエア

電話／編集 03-5403-4344　販売 049-293-5521

振替／00140-0-44392

カバー印刷／近代美術株式会社

印刷・製本／中央精版印刷株式会社

ISBN978-4-19-865104-6